Tiempo para practicar las preposiciones

Mª Pilar Hernández Mercedes

GRUPO DIDASCALIA, S.A.
Plaza Ciudad de Salta, 3 - 28043 MADRID - (ESPAÑA)
TEL.: (34) 914.165.511 - (34) 915.106.710
FAX: (34) 914.165.411
e-mail: edelsa@edelsa.es
www.edelsa.es

Primera edición: 2003
Primera reimpresión: 2006
Segunda reimpresión 2007
Tercera reimpresión: 2008
Cuarta reimpresión: 2009
Quinta reimpresión: 2010

© Edelsa Grupo Didascalia, S.A., Madrid 2003
Autor: László Sándor

Dirección y coordinación editorial: Departamento de Edición de Edelsa
Diseño de cubierta: Departamento de Imagen de Edelsa
Maquetación: Carolina García González
Imprenta: Lavel

ISBN: 978-84-7711-534-2
Depósito legal: M-16742-2010

Impreso en España
Printed in Spain

«Cualquier forma de reproducción de esta obra solo puede ser realizada con la autorización de la editorial, salvo excepción prevista por la ley. Diríjase a CEDRO (Centro Español de Derechos Reprográficos, www.cedro.org) si necesita fotocopiar o escanear algún fragmento de esta obra».

INTRODUCCIÓN

La intención del presente libro es la de poner a disposición de los estudiantes de español un texto claro y preciso sobre el uso correcto de las preposiciones.

Éstas, tal vez con demasiada frecuencia, se convierten en motivo de incorrecciones y, sobre todo, de inseguridades para nuestros alumnos a la hora de expresarse en español. ¿Por qué hacer más complejo lo que de por sí no lo es poco? Hemos optado, pues, por la sencillez y claridad expositiva para poder cumplir nuestro primer objetivo: facilitar el acercamiento a su empleo correcto.

Los contenidos de la obra se presentan en siete temas o unidades, cuya organización y distribución hacen de cada capítulo un centro de interés. En los cuatro primeros, encontramos la expresión de espacio, lugar y tiempo, el estudio de pares y/o agrupaciones conflictivos (por ejemplo: *En/A* o *De/Desde*, etc.) con especial hincapié en el uso de *Por* y *Para*, así como una completa recapitulación. Pero los contenidos del libro no se limitan a lo hasta ahora expuesto, dado que cuenta también con tres temas de especial interés para el aprendizaje de nuestra lengua: *Construcciones y locuciones preposicionales*, *Preposiciones y verbos* y, por último, *Español idiomático*, este último con una estructura diferente a los otros capítulos, presenta de forma práctica expresiones útiles del español coloquial. Y con esto se cumple el segundo de nuestros objetivos: ofrecer un amplio panorama del uso de tales elementos de la lengua.

Los cuadros teóricos, cuyo objetivo es presentar los elementos que se van a practicar, van seguidos de numerosos ejercicios, cuya gradación ha sido atentamente estudiada para favorecer el criterio del crecimiento y consecución progresiva de los objetivos. Por otra parte, la rica tipología (comprobar conocimientos, completar, elegir, discriminar, sustituir, etc.) busca crear en el estudiante una sensación de dinamismo y avance sumamente positivos. Y con esto se cumple el tercer objetivo que nos proponíamos con la obra: la presentación ágil y clara de los contenidos y la práctica dinámica y motivadora.

Tiempo para practicar las preposiciones incluye, además, las claves de todos los ejercicios al final del libro, de manera que el alumno, si así lo desea, pueda hacer uso del material de manera autodidacta.

La autora

ÍNDICE

CAPÍTULO 1
Usos básicos de las preposiciones. **5**
    1.1. Preposiciones con valor temporal. **6**
    1.2. Preposiciones con valor espacial. **10**
    1.3. Verbos de movimiento con preposición. **13**

CAPÍTULO 2
Oposición de preposiciones. **16**
    2.1. Las preposiciones A / EN. **17**
    2.2. Las preposiciones DE / DESDE. **21**
    2.3. Las preposiciones HASTA / HACIA / EN / ENTRE. **24**

CAPÍTULO 3
POR y PARA. **27**
    3.1. Usos de PARA. **28**
    3.2. Usos de POR. **30**
    3.3. Indicar la inminencia de la acción. **37**

CAPÍTULO 4
Repaso de todas las preposiciones. **39**

CAPÍTULO 5
Construcciones y locuciones preposicionales. **51**
    5.1. Construcciones preposicionales. **52**
    5.2. Locuciones preposicionales. **57**

CAPÍTULO 6
Preposiciones y verbos. **63**
    6.1. La preposición A con Complemento Directo. **64**
    6.2. Verbos que rigen preposición. **67**

CAPÍTULO 7
Español idiomático **76**

CLAVES **86**

Tiempo para practicar las preposiciones

CAPÍTULO 1

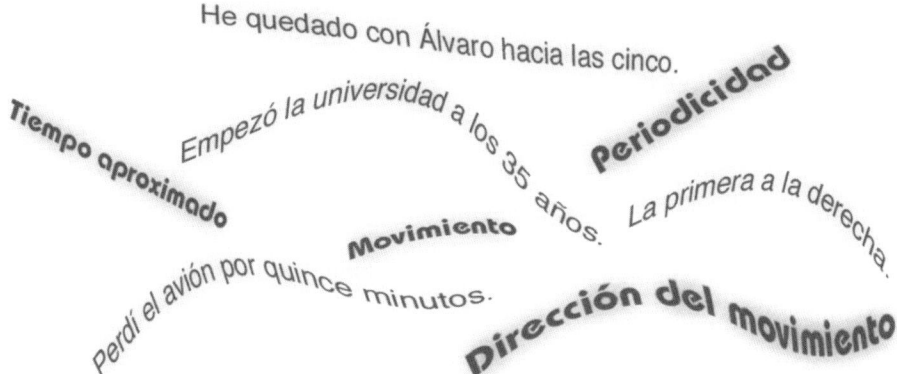

- He quedado con Álvaro hacia las cinco.
- Tiempo aproximado
- Empezó la universidad a los 35 años.
- Periodicidad
- La primera a la derecha.
- Movimiento
- Perdí el avión por quince minutos.
- Dirección del movimiento

USOS BÁSICOS DE LAS PREPOSICIONES
1. Preposiciones con valor temporal
2. Preposiciones con valor espacial
3. Verbos de movimiento con preposición

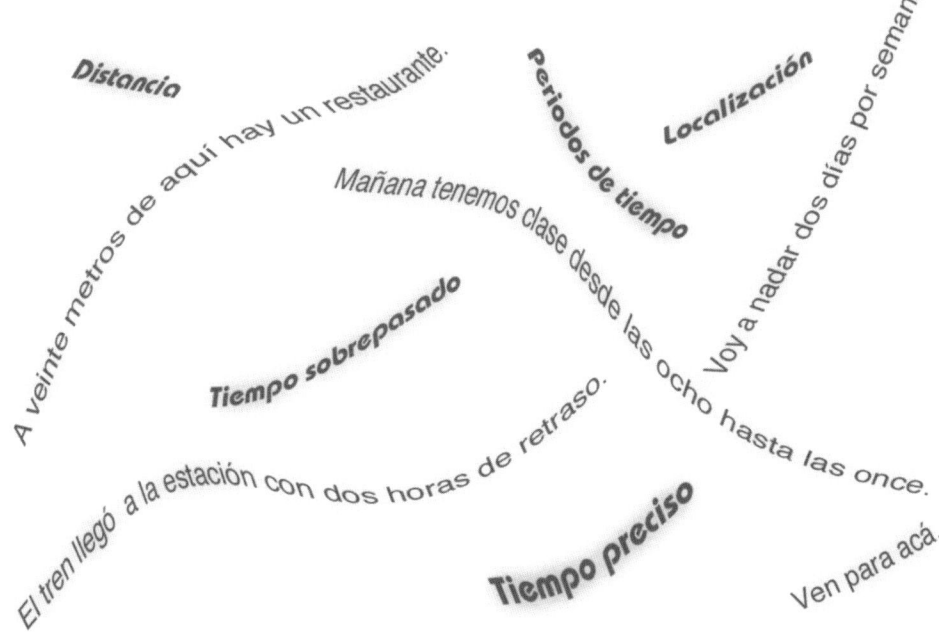

- Distancia
- A veinte metros de aquí hay un restaurante.
- Periodos de tiempo
- Localización
- Mañana tenemos clase desde las ocho hasta las once.
- Voy a nadar dos días por semana.
- Tiempo sobrepasado
- El tren llegó a la estación con dos horas de retraso.
- Tiempo preciso
- Ven para acá.

Tiempo para practicar las preposiciones

1. PREPOSICIONES CON VALOR TEMPORAL

A. TIEMPO PRECISO

a1. **A:** Se utiliza para indicar la hora, la edad, la fecha, el día de la semana y con las expresiones *a mediodía, a media tarde, a medianoche.*
La clase de hoy empieza **a** las cuatro.
Empezó la universidad **a** los 35 años.
Hoy estamos **a** 14 de junio / Estamos **a** jueves.
En esta casa **a** mediodía / **a** media tarde / **a** medianoche hace mucho calor.

a2. **EN:** Se utiliza para indicar el mes, la estación del año, el año.
En enero aquí nieva mucho.
Me encanta pasear por la playa **en** primavera / **en** otoño.
Esta moto la compré **en** 1995.

B. TIEMPO APROXIMADO

b1. **A:** Se utiliza con las expresiones *a principios, a mediados, a finales.*
Vamos a comprar un coche nuevo **a** principios de mayo / mes / año / 2005.
No les pagaron **a** finales de ese mes / año sino **a** mediados del siguiente.

b2. **DE:** Se utiliza para indicar el momento del día (detrás de las horas) y con las expresiones *de día, de noche, de madrugada.*
Se acostó a las diez **de** la mañana / **de** la noche.
No me gusta nada estudiar **de** día / **de** noche / **de** madrugada.

b3. **HACIA:** Se utiliza para indicar la fecha y la hora.
Saldremos de viaje **hacia** el día 20.
He quedado con Álvaro **hacia** las cinco.

b4. **POR:** Se utiliza para indicar la época y la parte del día.
Lo vi por primera vez **por** Semana Santa.
Por la mañana tomo café pero, **por** la tarde y **por** la noche, prefiero las infusiones.

b5. **SOBRE:** Se utiliza para indicar la hora.
Luisa hoy saldrá de trabajar **sobre** las cinco.

Tiempo para practicar las preposiciones

C. TIEMPO SOBREPASADO

c1. POR.
Perdí el avión **por** quince minutos.
No pudimos subir a la atracción **por** pocos minutos. La acababan de cerrar.

D. PERIODICIDAD

d1. A + artículo + referencia de tiempo.
Voy a nadar cinco días **a** la semana.
Yo creo que se corta el pelo una vez **al** año.

d2. POR + referencia temporal.
Voy a nadar cinco días **por** semana.
Yo creo que se corta el pelo una vez **por** año.

E. PERIODOS DE TIEMPO

e1. A: Se utiliza para indicar posterioridad.
Empezó a trabajar con su padre, pero **a** los pocos meses buscó otro trabajo.
He entrado en la reunión, pero he tenido que salir **a** los dos o tres minutos.

e2. EN: Se utiliza para indicar el tiempo invertido en realizar una acción.
Se aprendió la lección **en** pocos minutos.
Voy a intentar preparar la cena **en** menos de media hora.

e3. DE... A / DESDE... HASTA: Se utilizan para indicar el origen y el término.
Mañana tenemos clase **de** ocho **a** once.
Mañana tenemos clase **desde** las ocho **hasta** las once.

e4. DESDE: Se utiliza para indicar el inicio o el origen, indica el punto exacto en el tiempo a partir del cual se origina o produce algo.
Nos conocemos **desde** 1987.
Me puedes llamar por teléfono a casa **desde** las tres.

e5. HASTA: Se utiliza para indicar el límite temporal.
El médico me ha dicho que no salga **hasta** el lunes próximo.
Para sacarte el carné de conducir tienes que esperar **hasta** los 18 años.

e6. PARA: Se utiliza para indicar un plazo o límite.
El disco tiene que estar en el mercado **para** el mes que viene.
Mis padres han comprado entradas de cine **para** mañana por la noche.
Lo mejor es dejar la excursión **para** otro día.

Tiempo para practicar las preposiciones

Comprueba

1. Observa atentamente las siguientes frases e indica cuál de los usos explicados ejemplifica cada una de ellas.

1. EN invierno suelo ir unos días a esquiar a los Pirineos franceses. _a2_
2. Alberto sale a cenar con sus padres un par de veces AL mes. ____
3. El jefe quiere que termine este trabajo PARA el viernes próximo. ____
4. Prepararé las maletas EN menos de una hora. ____
5. No llegué al concierto POR unos minutos. ____
6. En ese café hay una tertulia SOBRE las ocho, ocho y media. ____
7. Últimamente me despierto todos los días DE madrugada. ____
8. Ana se compró su primera moto A los diecinueve años. ____
9. Han dicho que volverán de Francia POR Navidad. ____
10. No vuelvas a llamarle HASTA la semana próxima. Es mejor. ____
11. Hoy no sé si estamos A trece o A catorce. ____
12. Luis no se levanta de la cama DESDE anteayer. ____

2. Clasifica los usos que hemos visto con las preposiciones. Recuerda que algún uso se utiliza con varias preposiciones.

A
hora

De

Hora
Origen
Posterioridad
Día de la semana
Edad
Mes
Momento del día
Año
Periodicidad
Límite
Fecha
Plazo
Tiempo invertido...

Para

Por

En

Hacia

Sobre

Desde

Hasta

Tiempo para practicar las preposiciones

 **Practica**

1. Completa las siguientes frases con *a, en, de, desde, hacia, hasta, sobre, por, para* según creas conveniente.

1. Últimamente el niño se despierta siempre ___de___ madrugada.
2. Han dicho que terminarán las obras _____ mediados de mes, más o menos.
3. Lloró _____ conseguir que le compraran el juguete que quería.
4. El abogado ha dicho que pases por su despacho _____ las ocho de hoy.
5. Tenemos diez ejercicios _____ mañana. No creo que pueda hacerlos todos.
6. _____ agosto me gusta veranear en zona de playa.
7. Esa tienda abre _____ las nueve de la mañana hasta las siete y media de la tarde.
8. _____ entonces, yo tenía muy poca experiencia en este sector.
9. Volverán de su viaje _____ el día 26, más o menos.

2. Une y completa las frases con una de las preposiciones del ejercicio anterior.

1. Su primera experiencia laboral fue __a__   a. la clase del lunes.
2. Las tres primas salen juntas _____   b. el día 7. Eso ha dicho el vendedor.
3. Le dan solamente cinco euros _____   c. su infancia. Son inseparables.
4. Los pintores no volverán _____   d. 1992.
5. Esa película terminará _____   e. noche, pues se podría marear.
6. Necesito mis libros y mis apuntes _____   f. hora trabajada.
7. El coche nuevo nos lo entregarán _____   g. la próxima semana.
8. La *Expo* se celebró en Sevilla _____   h. los dieciséis años como secretaria.
9. Le han prohibido que se levante _____   i. las tres, pero no estoy segura.

3. Observa las siguientes frases y subraya la preposición que consideres correcta.

1. Veré al profesor Sánchez POR / HACIA las cinco. Me ha citado en su despacho.
2. EN / A septiembre aquí ya hace mucho frío.
3. Los trabajadores de transportes quieren convocar una huelga POR / A mediados de mes.
4. Nos han comunicado que la conferencia terminará SOBRE / EN las seis y no antes.
5. ¡Qué agradable me resulta pasear por el bosque PARA / EN otoño!
6. Perdí el tren POR / HACIA cinco minutos y tuve que esperar dos horas. ¡Qué rabia!
7. Te esperaré A / DE mediodía debajo del reloj de la Plaza Mayor.
8. No podrás salir solo HASTA / DESDE los quince años. Ahora eres demasiado pequeño.
9. Es mejor aplazar la reunión EN / PARA otro día. Ahora es tarde para empezar.
10. Voy al dentista dos veces POR / EN año.
11. Si quieres, llámame, pero HASTA / DESDE las diez. Antes, no estaré.
12. Dice el médico que tengo que tomar estas pastillas PARA / HASTA que se terminen.
13. Normalmente acuesto a los niños un ratito a las diez DE / POR la mañana.
14. Lucía es un genio, terminó la carrera de medicina A / DE los veinte años.
15. En la conferencia hacía tanto calor que A / HACIA la media hora nos marchamos.

Tiempo para practicar las preposiciones

2. PREPOSICIONES CON VALOR ESPACIAL

A. LOCALIZACIÓN

a1. **EN:** Se utiliza para indicar una localización.
Va a estudiar **en** la Facultad de Ciencias Exactas.
Hoy me quedo **en** casa porque no me encuentro muy bien.

a2. **SOBRE:** Se utiliza para indicar la localización precisa y señala "encima de algo".
No pongáis nada **sobre** la mesa, está recién pintada.
Son demasiadas las responsabilidades que recaen **sobre** él.

a3. **POR:** Se utiliza para indicar una localización aproximada.
Marita se ha comprado una casa **por** esta zona.
Hoy me gustaría cenar **por** tu barrio.

a4. **HACIA:** Se utiliza para indicar una localización aproximada (uso reducido).
Andan buscando alojamiento **hacia** el centro.
Si observas bien esta corbata, te darás cuenta de que está manchada **hacia** la mitad.

a5. **A:** Se utiliza con las expresiones **a la derecha, a la izquierda, al fondo.**
La farmacia está la primera, **a** la derecha.
Los servicios están **al** fondo del pasillo.

B. MOVIMIENTO

b1. **A:** Se utiliza para indicar la dirección del movimiento o el destino.
Mañana voy **a** Madrid.
Hoy has llegado muy tarde **a** casa.

b2. **HACIA:** Se utiliza para indicar el recorrido, el trayecto (en dirección a).
Cuando vio a sus amigos se echó a correr **hacia** ellos.
A las ocho en punto, la novia salió **hacia** la iglesia.

b3. **PARA:** Se utiliza para indicar un recorrido. Tiene un uso más coloquial que el de "HACIA".
Dile a Jaime que me espere en su oficina, que ahora salgo **para** allá.
Oye, niño, ven **para** acá, que te voy a decir una cosa.

b4. **POR:** Se utiliza para indicar tránsito a través de un lugar o significa "en busca de".
Para llegar a su casa tienes que pasar **por** los jardines de La Oca.
Mientras tú preparas la cena, yo bajo **por** pan.

Tiempo para practicar las preposiciones

C. DISTANCIA

c1. **A + medida de espacio:** Se utiliza para indicar distancia.
Si tienes hambre, a 20 metros de aquí tienes el mejor restaurante de la ciudad.
Han abierto una pizzería nueva a pocos metros de mi escuela.

c2. **DE... A / DESDE... HASTA:** Se utilizan para indicar origen y término.
Desde el cine hasta tu casa hay, por lo menos, dos kilómetros.
De aquí a la piscina municipal hay un buen paseo.

c3. **DESDE:** Se utiliza para hacer énfasis en el origen. Indica el punto exacto a partir del cual se origina o produce algo.
Nos hizo un gesto de saludo desde el coche.
Desde su ventana se contempla un espléndido paisaje.

c4. **HASTA:** Se utiliza para hacer énfasis en el límite.
Hoy sólo te puedo acompañar hasta la esquina.
No se pararon hasta la cumbre de la montaña más alta.
Decidimos acompañarle hasta su casa porque estaba un poco mareado.
Mi abuelo sólo subió a pie hasta el tercer piso. Después dijo que no seguía.

 **Comprueba**

1. Ayudándote con el esquema gramatical (fíjate bien en los ejemplos) y según lo indicado entre paréntesis, completa cada frase con la preposición más adecuada.

1. María, recoge inmediatamente lo que has dejado ....*sobre*.... la cama. (SUPERFICIE)
2. Mañana iremos de excursión .... el faro. (LÍMITE)
3. Pepe llegó muy tarde .... la oficina por el tráfico. (DESTINO)
4. No me gusta pasear .... sitios que no conozco. (TRÁNSITO)
5. Ayer caminé .... la plaza .... el río y casi no me cansé. (ORIGEN-TÉRMINO).
6. El listín telefónico está .... el mueble del pasillo. (LOCALIZACIÓN)
7. El tráfico está bloqueado .... la Avenida Marismas. (LÍMITE)
8. Cuando aquel desconocido se giró .... mí, sentí un escalofrío. (EN DIRECCIÓN A)
9. Ha habido un accidente .... pocos metros de mi negocio. (DISTANCIA)
10. Hemos visto las regatas .... una barca alquilada. (ORIGEN)
11. Lina está buscando un estudio .... el centro. (LOCALIZACIÓN APROXIMADA)
12. En cuanto Ana sintió la primera contracción, salieron de inmediato .... el hospital. (EN DIRECCIÓN A)

Tiempo para practicar las preposiciones

Practica

1. Completa las siguientes frases con *a, en, de, desde, hacia, hasta, para, por* o *sobre*.

1. Caminó ....*hasta*.... el bar de la esquina, y allí paró un taxi.
2. Juan ha hecho todos sus estudios .... una escuela laica.
3. El gimnasio al que voy ahora está sólo .... 100 metros de mi casa.
4. Mar me ha dicho que, ... el balcón, anoche vio una pelea.
5. No estoy muy seguro pero creo que su tía vive .... aquí.
6. Luis debe de estar a punto de llegar. Hace media hora dijo que ya salía .... acá.
7. Por favor, no metas la guía en el armario, déjala .... esos libros.
8. .... tu casa a la academia de idiomas hay un par de kilómetros.
9. Se dirigieron .... el Barrio Nuevo, porque Montse quería conocerlo.

2. Une y completa las frases con una de las preposiciones del ejercicio anterior. Atención, la preposición *a* se repite dos veces.

1. Federico asiste a una escuela que está — *a* — a. acá. Estarán a punto de llegar.
2. No te hagas ilusiones. Te acompañaré sólo __ b. el cruce porque hace demasiado frío.
3. Ahora ya no puedo consultar mi correo __ c. la facultad al laboratorio de idiomas.
4. Mis abuelos han vivido toda la vida __ d. esa casa. Por eso, no quieren cambiar.
5. Estoy buscando un apartamento __ e. pocos metros de su nueva casa.
6. El actor dirigió una mirada irritada __ f. el grupo de niños de la primera fila.
7. Tu tío se ha perdido porque ha girado __ g. el ordenador de Sol. Se ha estropeado.
8. Ha decidido colocar todos sus documentos __ h. el armario para que nadie los toque.
9. Hace un buen rato que los chicos salieron __ i. la derecha, en vez de seguir recto.
10. Con las reformas, no es nada cómodo ir __ j. la zona donde vive Marita.

3. Observa las siguientes frases y subraya la preposición adecuada.

1. No te entiendo. Estás EN / DESDE el mejor hotel de la zona y te lamentas.
2. Colocó todos los libros SOBRE / DE un único estante y éste se rompió por el peso.
3. DESDE / EN la ventana del salón tenemos una vistas estupendas.
4. Hoy mi madre se ha quedado EN / A la cama porque le duele la cabeza.
5. Tomás ayer corrió HASTA / POR el bosque, pero no entró porque empezó a llover.
6. Si quieres comprar tus pastillas, A / DESDE pocas calles de aquí hay una farmacia.
7. Da un paseo A / POR el centro para conocer un poco la ciudad, hombre.
8. Ayer no fui A / DE clase de inglés porque no tenía ganas de salir de casa.
9. Después de la reunión, los directivos salieron HACIA / SOBRE el polígono.
10. Por favor, acompáñame HACIA / HASTA mi casa. Me estoy empezando a marear.
11. María, si vas PARA / DESDE tu habitación, llévate esta ropa, ya está limpia.
12. El recibo que buscas debe de estar POR / HACIA aquí, porque ayer lo vi.

Tiempo para practicar las preposiciones

3. VERBOS DE MOVIMIENTO CON PREPOSICIÓN

A. La dirección del movimiento

Vamos a insistir sobre un punto que en ocasiones resulta conflictivo. Para ayudarte, recuerda que con verbos de movimiento las preposiciones *a, hacia, hasta* indican, como ya hemos visto, lugar al que nos dirigimos (dirección del movimiento). Pero, según se considere el término o límite de esa dirección, usaremos una u otra.

a1. **A:** Subraya el movimiento a un lugar preciso, un destino.
Las próximas vacaciones iré a Sevilla.
El tren llegó a la estación con dos horas de retraso.

a2. **HACIA:** Hace hincapié en la dirección del movimiento hacia un punto, ("en dirección a"). Al hablante lo que le interesa es el recorrido, el trayecto, y no el destino en sí (si se alcanza o no).
Los turistas caminaban hacia el centro de la ciudad.
Un joven salió corriendo hacia los espectadores, pero la policía lo detuvo.

a3. **HASTA:** Marca el término o límite del movimiento. Interesa específicamente el punto final del movimiento (es decir, se llega a un lugar y no se continúa, frente al uso de A, que no implica esta falta de continuidad).
Caminaron sin detenerse hasta el primer pueblo que encontraron.
El conductor me dijo que me podía llevar sólo hasta Écija.

(La preposición *para*, según las ocasiones, puede usarse en lugar de *hacia* o de *a*, por este motivo, y, para evitar confusiones, todo lo referido a *para* lo encontrarás en el Cap. III.)

 **Comprueba**

1. Completa las siguientes frases siguiendo la indicación entre paréntesis.

1. Emigró ....*a*........ América, porque aquí las cosa le iban mal. (DESTINO)
2. Subieron .... la cima del monte más alto. (LÍMITE)
3. Dirigía .... el público miradas de desaprobación. (EN DIRECCIÓN A)
4. Ayer no pudimos entrar .... el fondo del salón de actos. (LÍMITE)
5. Cuando vio a su padre, corrió .... él. (EN DIRECCIÓN A)
6. Saldré .... la calle, aunque diluvie. (DESTINO)
7. Con la bicicleta, puedes ir .... allí, pero no más. (LÍMITE)
8. La excursión .... la Cueva del Mono fue muy interesante. (DESTINO)
9. Los hombres sensatos caminan .... la sabiduría. (EN DIRECCIÓN A)
10. Hoy te acompaño sólo .... la mitad del camino. (LÍMITE)
11. He venido .... ver a María, pero me han dicho que no está. (DESTINO)
12. Luis ha salido hace un rato .... su casa. (EN DIRECCIÓN A)

Tiempo para practicar las preposiciones

Practica

1. Observa las siguientes frases y subraya la preposición adecuada. Ten en cuenta que, en dos ocasiones, son válidas las dos preposiciones propuestas.

1. Voy A / HACIA Francia para hacer un curso de especialización.
2. Cuando llegan las vacaciones, todos los de la ciudad salen A / HACIA un lugar de descanso, a la playa o a la montaña.
3. Caminaron HASTA / A toparse con la barrera cerrada.
4. La última vez que hice autostop me paró un señor que iba HASTA / HACIA Barcelona.
5. No salieron HACIA / A la calle el día de la nevada.
6. Si quieres ver el mar, sube A / HACIA la terraza.
7. Para ir al hospital, sigue todo recto y después tuerce HASTA / A la derecha.
8. El grupo de manifestantes se dirige ya HASTA / HACIA el lugar del mitin.
9. Ayer estuve corriendo por aquí y me acerqué HASTA / A la urbanización nueva.
10. Si quieres verlo, ve tú HASTA / HACIA donde vive y no me mandes a mí con recados.
11. Cuando llegues a la esquina, gira A / HASTA la izquierda.
12. Si mueves un poquito el cuadro HACIA / A arriba, quedará mejor en esa pared.

2. Completa las siguientes frases con una de las tres preposiciones.

1. Ascenderemos por esta montaña ....*hasta*.... cansarnos.
2. Él llegó .... la estación a las ocho.
3. Se encaminaron .... el pueblo, pero nunca llegaron.
4. Puedo llegar .... el supermercado Iris, pero después no daré ni un paso más.
5. Mis primos salieron ayer .... Madrid en moto. ¿Quién sabe si habrán llegado?
6. Caminaron sin parar .... encontrarse con el puesto de control.
7. Mis bisabuelos emigraron .... América y volvieron después de treinta años.
8. Si quieres, te acompaño .... clase, pero hoy no me pidas que te espere.
9. Mañana saldremos .... el campo porque creo que hará bueno.
10. Si te inclinas un poquito .... allá, podrás ver mejor el partido.
11. Es un espeleólogo genial. Ha bajado .... la Cueva del Gato.
12. Se marchó .... Las Azores con la idea de quedarse allí para siempre.
13. Ayer llegamos dando un paseo .... el puente romano y después volvimos a casa.
14. Dicen que se dirige .... la tierra una lluvia de meteoritos.
15. Creo que esta tarde el director no podrá venir .... la reunión.

Tiempo para practicar las preposiciones

Lee y completa

1. Completa el siguiente texto con la preposición con valor **espacial** que consideres más oportuna.

"Llegó **1.** *a* la zona de salidas del aeropuerto como quien llega **2.** ____ un sueño. El trayecto **3.** ____ su casa **4.** ____ allí había sido un auténtico martirio por la absurda discusión con su mujer.
5. ____ el mostrador de AIRFLOT se dirigió **6.** ____ la zona de embarque B y, una vez allí, después de enseñar sus documentos, puso todo lo que llevaba **7.** ____ la mesa de control. Había pasado toda la mañana **8.** ____ las calles del centro **9.** ____ "rozar", en algunos momentos, las zonas prohibidas de la ciudad. Después de comer, decidió dirigir sus pasos **10.** ____ la zona de las tiendas de "viejo". **11.** ____ La Plaza de la Luz **12.** ____ la de Las Flores, tuvo la oportunidad de entrar en diez y, en cada una de ellas, como si de un juego se tratase, compró un pequeño e inútil objeto. Ese había sido todo su delito y el origen de todo el conflicto con Ana..."

2. Y para terminar... completa el siguiente texto con la preposición con valor **temporal** que consideres más oportuna.

"**1.** *A* los quince años me iré de casa, y no como vosotros..." - nos repetía todos los días, convencido y provocador, Dadi, el hermano pequeño de Carlos. Y es que **2.** ____ los meses más fríos, y especialmente **3.** ____ Navidad, estudiábamos allí, en el cuarto que ambos hermanos compartían, para no ir hasta la Biblioteca Municipal, sede "cálida", de nuestros esfuerzos intelectuales, y claro, el pequeño se sentía irremediablemente invadido. Solíamos quedar **4.** ____ la tarde, **5.** ____ las cuatro más o menos, cuatro o cinco días **6.** ____ la semana. A veces, también **7.** ____ la noche, cuando, por culpa de algún insidioso examen, estábamos allí incluso **8.** ____ madrugada. Lo cierto es que estudiar **9.** ____ las seis **10.** ____ la mañana y ver casi amanecer, era tremendo, pero su hermana Lola supo darle un toque poético. Se levantaba aún **11.** ____ noche y, **12.** ____ los pocos minutos, que a mí me parecían horas por el ansia, nos preparaba un delicioso desayuno.
13. ____ la primera vez que la vi, no, miento, **14.** ____ que un día me respondió al teléfono, me enamoré perdidamente de ella. Cuando entraba con la bandeja humeante, a mí se me apagaba el cerebro y se me encendía el corazón, el estudio quedaba aplazado **15.** ____ otro momento...
Y así fue nuestra vida **16.** ____ que Carlos y yo, como hermanos **17.** ____ el inicio de nuestra amistad, **18.** ____ los veinte años, precisamente **19.** ____ octubre del 98, separamos nuestros destinos.

 **Tiempo para practicar las preposiciones**

CAPÍTULO 2

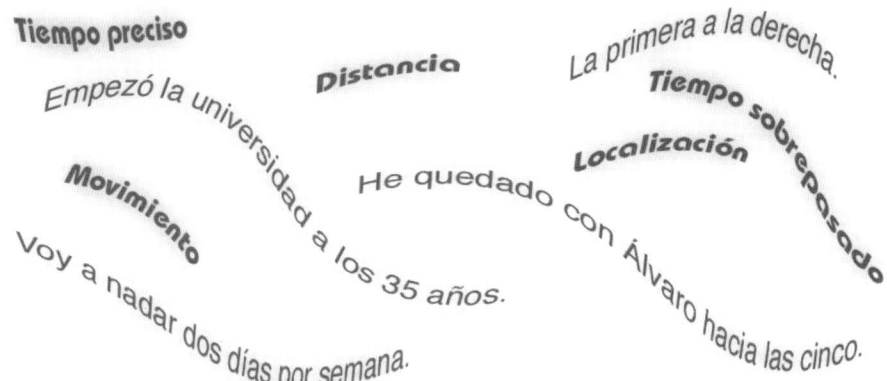

- Tiempo preciso: Empezó la universidad a los 35 años.
- Distancia: He quedado con Álvaro hacia las cinco.
- La primera a la derecha.
- Tiempo sobrepasado
- Localización
- Movimiento: Voy a nadar dos días por semana.

OPOSICIÓN DE PREPOSICIONES

1. **Las preposiciones A / EN**
2. **Las preposiciones DE / DESDE**
3. **Las preposiciones HASTA / HACIA / EN / ENTRE**

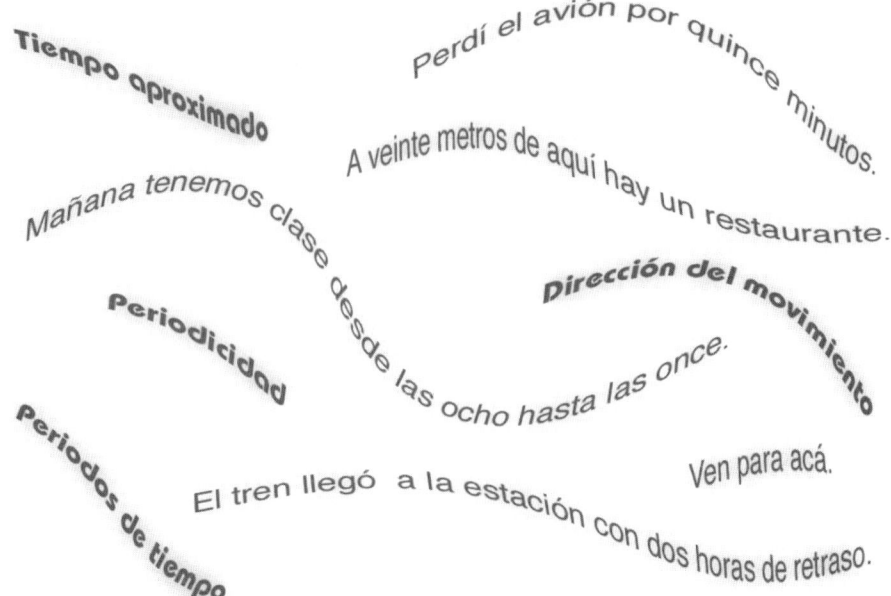

- Tiempo aproximado: Mañana tenemos clase desde las ocho hasta las once.
- Perdí el avión por quince minutos.
- A veinte metros de aquí hay un restaurante.
- Dirección del movimiento
- Periodicidad
- Periodos de tiempo: El tren llegó a la estación con dos horas de retraso.
- Ven para acá.

Tiempo para practicar las preposiciones

1. LAS PREPOSICIONES *A / EN*

A. Principales usos de A

a1. **Con valor espacial, indica el destino de un movimiento.**
Mañana voy *a* Madrid.
Hoy has llegado muy tarde *a* casa.

a2. **Indica también la distancia.**
Hay un buen restaurante *a* cien metros de aquí.

a3. **Con valor temporal, indica posterioridad (*a* + artículo + cantidad de tiempo).**
Empezó la carrera de Biología pero *a* los tres meses / *al* año / *a* las pocas semanas dejó los estudios.

a4. **Indica la hora, edad, fecha (*estar a* + fecha / día de la semana).**
Te espero en la entrada del cine *a* las ocho.
Se casó *a* los dieciocho años.
Estamos *a* 14 de junio / jueves.

a5. **Indica periodicidad (*a* + artículo + unidad de tiempo).**
Voy a clase de inglés tres veces *a* la semana.

a6. **También indica tiempo aproximado (en las expresiones del ejemplo).**
Nos comunicarán los resultados *a* principios / *a* mediados / *a* finales de febrero.

a7. **Se utiliza para indicar el precio.**
Las naranjas están *a* un euro el kilo.

a8. **Acompaña al Complemento Indirecto.**
Le he dicho *a* la enfermera que me traiga un calmante.
He dado una mano de pintura *a* la pared.

a9. **Y al Complemento Directo cuando este se refiere a personas o animales concretos y determinados.**
He visto *a* Manuel en la secretaría de la universidad.
He llamado por teléfono *a* tu hermana para invitarla a mi fiesta.
Por favor, vigila *a* la gata. No me gusta verla encima de mi cama.

a10. **Se utiliza en construcciones como *empezar a* + Infinitivo e *ir a* + Infinitivo.**
Lisa empezó *a* estudiar inglés el año pasado.
Mañana voy *a* salir con Pedro y Ana.

Tiempo para practicar las preposiciones

B. Principales usos de EN

b1. Con valor espacial, indica un lugar.
Esta tarde estaré **en** casa de Malena.
Sara se aloja **en** un hotel bastante bueno.
Mi sobrino estudia **en** la Universidad de León.

b2. También indica una posición (sustituye a *sobre, encima de, dentro de*).
Tu camisa está **en** mi armario.
He dejado los cuadernos **en** el pupitre.
Esa noticia no aparece **en** el periódico de hoy.

b3. Con valor temporal indica una fecha (mes, año, estación) o duración.
Conocí a mi marido **en** 1998.
En abril suele hacer buen tiempo.
No me gusta viajar **en** primavera / verano / otoño / invierno.
Hizo el trabajo **en** tres días. (Tiempo invertido en hacer algo)

b4. Con verbos de movimiento indica el medio de transporte.
Me encanta viajar **en** avión / coche...

b5. Se utiliza en construcciones como *pensar en* y *quedar en*.
Pienso mucho **en** mi infancia.
Hemos quedado **en** vernos mañana.

Comprueba

1. Observa atentamente las siguientes frases e indica cuál de los usos explicados ejemplifica cada una de ellas.

A
1. Mañana me marcho A las seis. *a4*
2. Siempre llega tarde A la oficina. ___
3. No vuelvas A casa después de las 11. ___
4. Todos los lunes voy A clase de inglés. ___
5. Voy A prepararte un buen café. ___
6. He encontrado A Manuel en la plaza. ___
7. Le he comprado un bolso A mi madre. ___
8. Empiezo A trabajar el lunes próximo. ___
9. Tengo vacaciones dos veces AL año. ___
10. La escuela está A 500 metros del centro. ___
11. Estamos A 11 de agosto. ___

EN
a. Nunca he estado EN una casa rural. ___
b. No me gusta viajar EN tren. ___
c. Me cambio de casa EN abril. ___
d. Lisa vive EN una casa muy acogedora. ___
e. He puesto tu camisa EN el armario. ___
f. Lo conocí EN 1999. ___
g. Este año tengo vacaciones EN otoño. ___
h. No me gusta pensar EN el futuro. ___
i. Terminará su tesis EN dos años. ___
j. He quedado EN llamar a Lucas. ___
k. Max ha recorrido Puerto Rico EN bicicleta. ___

Tiempo para practicar las preposiciones

 **Practica**

1. Completa las siguientes frases con *en / a*. (Cuidado con los artículos contractos).

1. A principios de verano, estuve ……*en*……… Lisboa, pero no me quedé ……………… el hotel que había reservado porque ……………… el Barrio Alto encontré una pensión estupenda.
2. Luis está preocupado porque su hermano está ……………… el hospital desde anoche. Llegó ……………… Urgencias a las doce y, poco después, lo ingresaron ……………… Cardiología.
3. En este momento, nuestra asociación se encuentra ……………… una situación algo delicada. La falta de nuevos socios no nos ayuda ……………… nuestros negocios.
4. Sonia vive ……………… una barriada de las afueras, pero pronto se va a mudar ……………… el centro.
5. Creo que este año me iré de vacaciones ……………… septiembre, ……………… mediados de mes.
6. Álvaro se ha instalado provisionalmente ……………… el piso de Elena. Pero en cuanto encuentre trabajo, se marchará ……………… otro sitio.
7. Cuando salimos ……………… la calle, había tanta nieve en el suelo que decidimos permanecer ……………… casa de Luisa hasta que el tiempo mejorara un poco.
8. A los afectados por el terremoto los han desplazado ……………… zonas menos peligrosas.

2. Completa las siguientes frases con *en / a*.

1. Desde que le han trasladado ……………… la primera planta, ……………… la sección de Recursos Humanos, está mucho más relajado. Ahora trabaja ……………… un sitio mucho mejor organizado.
2. No ha tenido más remedio que acudir ……………… un especialista para que le ayude ……………… encontrar una solución ……………… sus problemas.
3. Nuria ha decidido que no se matricula ……………… la Escuela de Fotografía porque quiere dedicarse ……………… la escultura y estudiar ……………… alguna academia de renombre de Barcelona.
4. Cuando llegamos ……………… el aeropuerto, el avión ya había despegado, así que cambiamos el billete y nos quedamos un día más ……………… aquella maravillosa ciudad.
5. Manuel está ……………… la cama porque tiene muchos dolores musculares ……………… todo el cuerpo.
6. Hemos quedado ……………… el semáforo que está ……………… el cruce de la calle Silvela con la Avenida de América.
7. Esta mañana me he encontrado ……………… tu vecino del quinto y me ha dicho que ya no vive ……………… tu edificio sino ……………… otro más pequeño ……………… tres calles del tuyo.

19

Tiempo para practicar las preposiciones

3. Relaciona y completa.

A / EN

1. Si el tren es puntual, llegaremos _a_
2. No sé cuándo nos mudamos __
3. Pepe ha ingresado __
4. Los sábados solemos tomar algo __
5. El técnico ha tenido que subir __
6. Mira, he encontrado este broche __
7. No me gusta nada ir con tanta frecuencia __
8. Si os desplazáis un poquito más __
9. La empresa está __
10. Cuando era pequeña, jugaba siempre __
11. Si quieres aprobar, tienes que asistir __
12. Por fin hemos regresado __

a. la Academia Naval.
b. la derecha, cabréis todos en la foto
c. el suelo. ¿A que es bonito?
d. Madrid a las doce.
e. un momento muy delicado.
f. todos los seminarios.
g. nuestro pueblo.
h. el bar de mis primos.
i. la azotea para instalar la antena.
j. la casa nueva.
k. locales de ese tipo.
l. el parque de María Luisa.

4. Completa con *a* o *en*.

1. He pensado que el domingo nos veamos todos ...*en*.... casa de mis primos en vez de .... el bar de siempre.
2. Este verano he estado bañándome, ... Galicia, ... unas playas maravillosas pero no sé si sabría volver.
3. En este preciso momento, estará .... casa, ... su habitación, triste y sola.
4. Me agrada viajar .... avión pero no más de dos veces .... el año.
5. .... esta facultad es obligatorio asistir .... todas las clases.
6. .... finales de mes, me compraré un lector de CD nuevo.
7. Deberías bajar .... el sótano y controlar el calefactor, porque creo que hay algo que no funciona bien.
8. Mañana nos vamos con Sara .... Toledo. Pasaremos el día .... la finca de sus abuelos.
9. Después de cinco años .... el extranjero, nos gustaría regresar .... nuestra patria.
10. Terminó la carrera .... los 22 años.
11. Pilar ha ido .... Menorca para participar .... la boda de su prima.
12. Hoy, me parece que me quedo .... casa, ... la cama, porque no me encuentro nada bien.
13. Si desea saber cómo hacer una reclamación, por favor, diríjase .... la ventanilla 3.
14. Has venido .... el campo para descansar y olvidarte un poco del trabajo. Así que haz el favor de dejar esos libros .... su sitio.
15. El sábado pasado mis sobrinos fueron .... la sierra y nos han dicho que merendaron .... un hostal precioso y se bañaron .... un río.

Tiempo para practicar las preposiciones

2. LAS PREPOSICIONES *DE / DESDE*

A. Principales usos de DE

a1. Con nombres o pronombres indica posesión o relación.
  *Estos libros son **de** María.*
  *La decoración **de** esta iglesia es preciosa.*

a2. Indica el material del que está hecho algo.
  *Colecciono platos **de** cerámica.*
  *Me he comprado unos pantalones **de** pana.*

a3. Detrás de las horas indica el momento del día.
  *Se acostó a las diez **de** la mañana.*

a4. Indica el modo o la manera de hacer algo.
  *Me contestó **de** malos modos y me enfadé con él.*

a5. Con nombres de lugares indica el origen o la procedencia.
  *Este chocolate tan rico viene **de** Ecuador.*
  *Mi hermano me ha traído este collar **de** Praga.*

a6. Marca un inicio temporal.
  *Normalmente trabajo **de** 9 a 17.*

a7. Introduce datos de una descripción.
  *El chico **de** las gafas azules y la chica **de** la falda roja son mis primos.*

a8. Expresa el uso que tiene algo.
  *Me han regalado unos guantes **de** boxeo y unos pantalones **de** esquí.*

Comprueba

1. Observa atentamente las siguientes frases e indica cuál de los usos explicados ejemplifica cada una de ellas.

1. ¿DE quién es este bolso? .... _a1_
2. Es un hombre DE pelo rizado y DE estatura media. ___
3. Haces las cosas DE cualquier manera y eso no me gusta nada. ___
4. Quiero comprarme una estantería DE madera para mi habitación. ___
5. Ahora trabajo DE martes a sábado por la mañana. ___
6. Mañana nuestro tren sale a las seis DE la mañana, así que vámonos a dormir. ___
7. Ayer llegamos DE Madrid con un retraso considerable. ___
8. DE mi casa a la tuya habrá como mucho quinientos metros. ___
9. Para merendar quiero un bocadillo DE queso. ___
10. Algunos programas DE ordenador cuestan realmente mucho. ___

Tiempo para practicar las preposiciones

B. Principales usos de DESDE

b1. Con valor temporal indica el punto exacto en el tiempo a partir del cual se produce u origina algo.
No hablo con Juan **desde** el mes pasado.
Estoy esperando a María **desde** las tres.
Desde que salgo con los hermanos de Pepe, me divierto mucho más que antes.
Normalmente trabajo **desde** las 9 hasta las 17. (Se especifica también el término.)

b2. También indica el tiempo transcurrido desde el inicio de una acción (***desde hace* + cantidad de tiempo**).
Está enfermo **desde** hace tres semanas.
Se conocen **desde** hace unos años.

b3. Con valor espacial se utiliza para hacer énfasis en el origen. Indica el punto exacto a partir del cual se origina se produce algo.
Vi la procesión **desde** el balcón de mi abuela.
¡Qué cansado estoy! Vengo andando **desde** la Facultad.
Me gusta mucho pasear **desde** mi casa hasta el parque. (Se especifica también el término.)

 **Comprueba**

1. Observa atentamente las siguientes frases e indica cuál de los usos explicados ejemplifica cada una de ellas.

1. Ha venido en bicicleta DESDE Barcelona. _b3_
2. DESDE el 1 de septiembre hasta el ocho de marzo mi teléfono será este. ____
3. Veraneo en Las Iruelas DESDE 1997. ____
4. DESDE que te vi por primera vez, comprendí que seríamos amigos. ____
5. No veo a Juan DESDE hace una semana. ____
6. DESDE mi ventana se ve el mar. ____
7. Mis padres han venido andando DESDE el Paseo de la Castellana. ____
8. DESDE ahora yo me encargaré de recoger el correo todos los días. ____
9. Pedro y Manuela no se ven DESDE que eran niños. ____
10. Para ir a ese pueblo, es mejor salir DESDE mi casa que DESDE la tuya. ____
11. Voy a ese gimnasio DESDE hace dos años. ____
12. Sí, conozco a Mauro, pero no lo veo DESDE hace mucho tiempo. ____
13. Ayer dimos un paseo DESDE la plaza hasta el Parador de Turismo. ____
14. Cuando nos avisaron de lo ocurrido, salimos corriendo DESDE la facultad. ____

Tiempo para practicar las preposiciones

Practica
1. Completa ahora las siguientes frases con *de* o *desde*.

1. Los apuntes que me dejaste sobre la evolución urbanística ......*de*...... las ciudades .... el sur .... Europa, son buenísimos.
2. Necesito encontrar un profesor .... italiano, ... cualquier zona de la península porque no tengo preferencias sobre los acentos.
3. Estoy harta .... que me digan siempre cómo tengo que comportarme.
4. He enviado un correo electrónico a mis amigos .... el ordenador de mi jefe.
5. Vivimos aquí .... 1986.
6. Últimamente Marisa no hace más que hablarme .... su novio. La verdad es que me aburre un poco.
7. .... la última discusión con su familia, está cansado .... todo y .... todos, por eso, ha dicho que se va a ir .... casa.
8. Ese bolso es .... Antonia, me parece.
9. Menos mal que has llegado. Te estoy esperando .... las cuatro y ya empezaba a cansarme.
10. .... que Gustavo ya no está en este departamento, todo ha cambiado.
11. .... el quince de mayo, he ido por lo menos diez veces al dentista.
12. Nos hizo un gesto .... la puerta para recordarnos que allí no se podía hablar tan alto.

2. Vamos a insistir un poquito más. Marca la preposición correcta.

1. En España, los bancos generalmente abren DESDE / *DE* ocho a dos.
2. Quiero que, DESDE / DE mañana, te ocupes tú de comprar el periódico todos los días.
3. El espejo DESDE / DE el armario DESDE / DE mi habitación se ha roto.
4. La clase de Psicología dura DESDE / DE las 10 hasta las dos, con un descanso de media hora para tomar algo en el bar de la facultad.
5. Por la noche, no me gusta ir andando DESDE / DE la academia hasta mi casa, porque me siento poco segura.
6. No sé si ese cenicero está hecho DESDE / DE concha o es DESDE / DE plástico.
7. No te muevas DESDE / DE aquí hasta que vuelvan tus padres DESDE / DE la reunión.
8. Me encantan las canciones DESDE / DE ese cantautor.
9. Mis tíos viven en Quito DESDE / DE 1998.
10. DESDE / DE el momento en que lo vi, sentí que iba a causarme problemas.
11. A mi abuela DESDE / DE siempre le han gustado las camisas DESDE / DE encaje.
12. DESDE / DE mi ventana se ve toda la sierra nevada. Es una vista impresionante.
13. Miré hacia arriba y vi que Lucas nos estaba saludando DESDE / DE la terraza.
14. DESDE / DE mi cuarto se puede ver toda la Sierra de la Aguja.

Tiempo para practicar las preposiciones

3. LAS PREPOSICIONES *HASTA / HACIA / EN / ENTRE*

A. Principales usos de HASTA

a1. Con valor espacial indica el fin o el término de algo.
Este camino llega **hasta** mi casa.

a2. Con valor temporal indica el límite.
Me quedaré aquí **hasta** el lunes / que me canse.

B. Principales usos de HACIA

b1. Con verbos de movimiento indica la dirección.
Se dirigieron **hacia** la estación de autobuses.
El perro empezó a correr **hacia** ellos ladrando como un loco.

b2. Indica un tiempo aproximado.
Hoy terminaré de trabajar **hacia** las siete y media.
Tendremos que entregar el trabajo **hacia** el día 27.

C. Principales usos de EN

Repasa lo visto en la página 18.

D. Principales usos de ENTRE

d1. Con valor espacial indica un lugar y equivale a *en medio*.
Entre la mesa y la pared voy a poner unas sillas.
El banco del que hablas está **entre** tu casa y la mía.

d2. Con personas indica cooperación o distribución.
Entre los dos haremos un buen trabajo.
Lo mejor es que se repartan el dinero **entre** los hermanos.

Tiempo para practicar las preposiciones

Practica

1. Completa las siguientes frases con *hacia, hasta, en* o *entre*.

1. No te dejaré marchar ...*hasta*...... que me digas quién ha roto ese cristal.
2. Tengo que entregar la tesina .... junio, el día 15.
3. .... invierno hago más deporte que .... verano porque, a mí el calor me quita las ganas de moverme.
4. Saldremos .... las cinco. Más tarde no, porque, si no, se nos hace enseguida de noche.
5. Esta tarde estaré .... la biblioteca .... después de las ocho, porque tengo que repasar todo el temario para el examen del jueves.
6. Lo mejor es que nos movamos .... el sur. Seguro que en el trayecto encontramos sitios que merece la pena ver.
7. Ahora estoy viviendo .... casa de Mara. Me quedaré allí .... que encuentre un piso barato.
8. El domingo nos podemos ver .... las cuatro o cuatro y media. Antes, para mí, va a ser imposible, porque tengo que comer con mi familia.
9. .... tu casa y la mía hay unos cien metros, creo yo.
10. Se fue caminando .... casa de sus padres.

2. Como en el ejercicio anterior, completa las siguientes frases con *hacia, hasta, en* o *entre*.

1. El convoy con las ayudas humanitarias se dirige ya ...*hacia*...... el lugar del siniestro.
2. Anoche Diego no llegó a casa .... las seis y, por eso, sus padres hoy están enfadados con él.
3. Estoy .... las narices de trabajar más que los demás. .... todos vais a conseguir que presente la dimisión.
4. En autobús es bastante complicado llegar .... el pueblo de tus abuelos. Os propongo que alquilemos un coche y lo paguemos .... todos.
5. Cuando, después de tanto tiempo, vio a sus hermanos, echó a correr .... ellos, gritando entusiasmado.
6. Ayer terminamos el examen .... las dos. Así que tardamos dos horas .... hacerlo.
7. El jefe nos ha comunicado que podemos entregar los informes de mercado .... febrero en vez de .... enero.
8. Las botas nuevas no me han durado nada. La próxima vez que vea algo de mi interés .... una tienda de esa marca, me lo pensaré dos veces antes de entrar.
9. No me vuelvas a llamar .... tener terminado el informe.
10. Yo creo que .... tú y yo podemos terminar este trabajo en un par de días. ¿Me ayudas?

25

# Tiempo para practicar las preposiciones

3. Completa con la preposición correcta.

1. Seguiré en este apartamento ...*hasta*... finales de septiembre, después volveré con mis padres.
2. El ascensor se ha quedado .... dos pisos y ahora está fuera de servicio.
3. ¿Vamos a ver a Álvaro .... tu coche o .... el mío? Decide tú.
4. Van a construir un centro comercial .... tu casa y la mía. Ya verás que problemas de tráfico va a haber.
5. Ayer te estuve esperando .... las nueve y hoy .... las diez. Estoy cansada de que no llegues nunca a la hora que dices.
6. No dejaré de estudiar .... las cinco, cinco y media.
7. .... nosotros no ha habido nunca secretos.
8. Deberían haber terminado los ensayos .... tres semanas, pero no estaban preparados y, por eso, siguieron.
9. Cuando oí el grito, miré inmediatamente .... arriba, pero .... el balcón no vi a nadie.
10. Creo que .... los dos no podremos bajar la lavadora. Pesa demasiado.
11. No sé .... dónde quiere llegar Antonio, pero yo voy a caminar sólo .... las seis y después pienso sentarme a descansar .... un rincón.
12. Si colaboramos .... todos, el trabajo estará terminado .... menos de tres semanas.

Lee y completa

1. En el siguiente texto se han infiltrado cinco intrusos (formas inexactas en el contexto propuesto). ¿Puedes identificarlos y cambiarlos por la forma adecuada?

"Alberto siguió a Gae HASTA **1.** ✓ la entrada del Instituto. Todo lo que ella le había contado la tarde anterior EN **2.** la cafetería de siempre, le había hecho caer ENTRE **3.** un estado ENTRE **4.** la paranoia y la depresión. ¿Cómo era posible? Habían quedado en verse para hablar HACIA **5.** las siete y ella le hizo esperar HACIA **6.** el límite: Se presentó a las ocho pasadas para contarle que EN **7.** aquella ciudad ya no se sentía segura y que ENTRE **8.** ellos nunca había existido nada. ¿Nada? ¿HACIA **9.** dónde quería llegar?¿ENTRE **10.** qué lío se había metido? El comportamiento de Gae le pareció tan extraño que, EN **11.** aquel momento, Fernando decidió seguirla EN **12.** descubrir qué le estaba pasando..."

Tiempo para practicar las preposiciones

CAPÍTULO 3

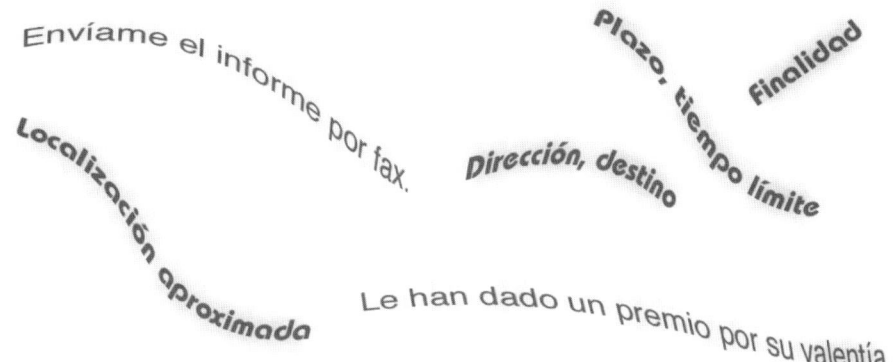

POR y PARA

1. **Usos de PARA**
2. **Usos de POR**
3. **Indicar la inminencia de la acción**

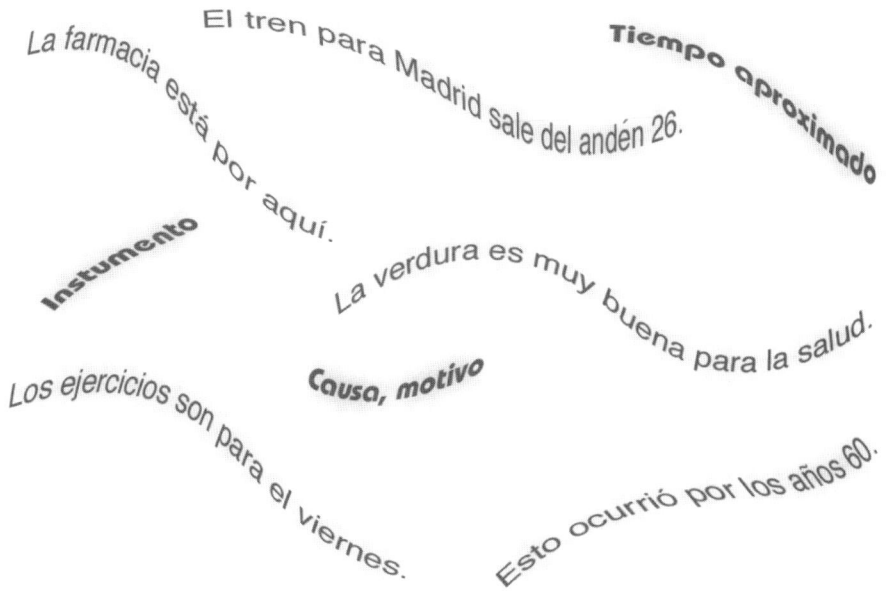

 **Tiempo para practicar las preposiciones**

1. USOS DE *PARA*

A: Principales usos de PARA

a1. **Indica la finalidad o el destinatario de la acción.**
La verdura es muy buena **para** la salud.
Mira, este regalo es **para** ti.

a2. **Con personas se usa para indicar la opinión o el punto de vista de alguien.**
Eso no tiene ninguna importancia **para** nosotros.
Para mí, no es fácil defender esa posición.

a3. **Con verbos de movimiento indica la dirección o el destino.**
El tren **para** Madrid sale del andén 26.
Vamos **para** tu casa en cuanto terminemos de trabajar.
Ese chico va **para** abogado. (Sentido figurado)

a4. **Con valor temporal indica el plazo, el tiempo límite para que se realice una acción, o significa *hasta*.**
El mueble estará terminado **para** la semana que viene. (Límite)
Todos los ejercicios que os he indicado son **para** el viernes. (Plazo)

a5. **La expresión *ir para* + tiempo significa *hace casi* + tiempo.**
Va **para** tres meses que no habló con él. (Hace casi tres meses...)
Ya va **para** dos años que desapareció. (Hace casi dos años...)

a6. **La expresión *no estar para* indica ausencia de ánimo.**
Si alguien me llama por teléfono, hoy no estoy **para** nadie.
Con los problemas que tiene, la verdad es que no está **para** fiestas.

a7. **Puede tener un valor concesivo.**
Para ser tan listo, le salen mal todos los exámenes. (Aunque es muy listo...)
Para todo el dinero que se gasta en masajes, tiene mal aspecto. (Aunque gasta...)

a8. **Con un sustantivo puede expresar comparación.**
Para ciudad bonita e interesante, la mía.
Está muy alto **para** la edad que tiene.

a9. **Se puede usar en valoraciones negativas o irónicas.**
Para lo mal que me tratas, lo mejor es que me marche.
Para lo que nos está explicando hoy, podría haberme quedado en casa leyendo.

Tiempo para practicar las preposiciones

a10. Indica distribución numérica.
*He reservado una mesa **para** veinte personas.*
*Sólo tengo comida **para** dos o tres personas más.*

a11. En la expresión *estar (como) para* tiene un valor consecutivo (enfático).
*La comida está (como) **para** chuparse los dedos.*
*El conferenciante estuvo (como) **para** tirarle tomates.*

 **Comprueba**

1. Observa atentamente las siguientes frases e indica cuál de los usos explicados ejemplifica cada una de ellas.

1. Tengo que hacer estos ejercicios PARA mañana. _a4_
2. Por favor, abre las ventanas PARA que se airee la habitación. ____
3. Ese aparato sirve PARA hacer agujeros en los cinturones. ____
4. PARA chico listo y agudo, el hermano de mi novia. Es un genio. ____
5. Va PARA seis años que se casaron Luz y Jorge. ____
6. Esos pañuelos son PARA mi madre. ____
7. Perdone, si va usted PARA el centro, ¿me puede llevar? ____
8. Va PARA una semana que estrené el coche y estoy encantado con él. ____
9. No seas tan antipático con tus padres. Piensa que PARA ellos lo eres todo. ____
10. Los pasteles que has comprado están como PARA comerse tres kilos. ____
11. Mira, hoy ten cuidado con lo que dices porque no estoy PARA bromas
    de nadie. ____
12. Como estamos cansados, lo mejor es que dejemos la reunión PARA
    mañana. ____
13. PARA el poco caso que me estás haciendo, hoy podía haber salido
    con Pepe. ____
14. Por mucho que digas, ese sofá no es PARA cuatro personas. ____
15. Mi hermano va PARA ingeniero. ____
16. PARA tener tanto dinero, se viste como un pobre. ____
17. No es una obra maestra, pero PARA ser su primera película, no está
    nada mal. ____
18. PARA muchos críticos, esa novela es la mejor de todos los tiempos. ____
19. La paella está hoy como PARA comerse tres platos. ____
20. Tomad, estos libros son PARA vosotros. ____

Tiempo para practicar las preposiciones

2. USOS DE *POR*

B. Principales usos de POR

b1. Indica la causa o el motivo de una acción.
  Esto le pasa **por** portarse mal.
  Le han dado un premio **por** su valentía.

b2. Indica el agente de la voz pasiva.
  Mi nuevo libro será editado **por** Edelsa.
  Se dejo convencer, seducido **por** sus palabras.

b3. Con valor espacial indica una localización aproximada.
  La farmacia que buscas está **por** ahí.
  Mi abuela vive **por** el centro.

b4. Con verbos de movimiento indica tránsito.
  Me encanta pasear **por** ese parque.
  Si quieres llegar a mi pueblo, tienes que pasar **por** Sevilla.

b5. También indica el motivo de un movimiento, en busca de algo o alguien.
  Voy **por** más azúcar a la cocina.
  ¿A qué hora vas **por** los niños?

b6. Con valor temporal puede indicar tiempo aproximado, periodicidad, parte del día o tiempo sobrepasado.
  Eso ocurrió **por** los años cincuenta.
  Voy al dentista dos veces **por** año.
  Nunca le apetece salir **por** la noche.

b7. Indica el medio o instrumento con el que se hace algo.
  Por favor, envíame el informe **por** correo electrónico.
  Dijeron **por** los altavoces que el vuelo había sido cancelado.

b8. Indica el precio, la distribución, el cambio o equivalencia (*como*).
  Lo compraron **por** pocos euros.
  Cuando se repartieron el premio, tocaron a muy poco **por** persona.
  Te cambio tu chaqueta **por** la mía.
  No me gustaría tenerlo **por** amigo. (Como amigo).

b9. Indica que una acción todavía no se ha realizado.
  Para ser un experto, te quedan muchas cosas **por** estudiar.
  Son las ocho y tenéis los deberes **por** terminar. ¿A qué estáis esperando?

Tiempo para practicar las preposiciones

b10. **Indica sustitución, *en lugar de, en nombre de.***
Mañana daré la clase **por** Miguel. Él está enfermo.
Se levantó y habló **por** todos.

b11. **Expresa la causa o el motivo de los sentimientos.**
Siento curiosidad **por** saber qué ha pasado con Luis y Ana.
Siento rabia **por** lo sucedido.

b12. **Se utiliza para expresar *en honor, en defensa, en beneficio de.***
Hubo una manifestación **por** las libertades y la justicia.
Voy a participar en esa campaña **por** los niños que pasan hambre.

b13. **Sentido ordinal.**
Te repito, **por** tercera y última vez, que dejes mis cosas en paz.
Por una vez, has contestado adecuadamente. (*Por primera vez*).

(No confundir con *Para una vez*, que indica algo que pasa sólo una vez con consecuencia negativa. Ejemplo: *Para una vez que no estudio, nos ponen un examen sorpresa.*)

 Comprueba

1. Observa atentamente las siguientes frases e indica cuál de los usos explicados ejemplifica cada una de ellas.

1. Angelines tiene una baja POR depresión.   b1
2. Cuando voy a la universidad paso siempre POR esta calle. ____
3. ¿Hay una oficina de correos POR aquí? ____
4. Mañana es el examen y me quedan todavía tres temas POR estudiar. ____
5. Practico yoga dos veces POR semana. ____
6. Mira, habla POR ti y no POR nosotros, porque no estamos de acuerdo con nada de lo que has dicho. ____
7. Ese edificio ha sido proyectado POR el mejor arquitecto de España. ____
8. Espero que, POR una vez, seáis capaces de comportaros bien. ____
9. Necesito cambiar euros POR dólares. ____
10. Recuerdo que POR entonces salía con Marco. ____
11. Siento tristeza POR todo lo que ha ocurrido. ____
12. Cuando era pequeño, me gustaba correr POR la playa. ____
13. Sandra ha bajado POR un café. Volverá enseguida. ____
14. Me comunico con Álvaro POR correo electrónico. ____
15. Las traducciones se cobran a un tanto POR palabra. ____
16. Me gustaría encontrar un buen lector de discos compactos POR poco dinero. ____
17. Combatiré POR mis ideas hasta el final. ____
18. El árbol se movía POR el viento. ____

31

 **Tiempo para practicar las preposiciones**

 **Practica**

1. Y ahora, completa con *por* o *para* teniendo en cuenta lo que se indica entre paréntesis.

1. ...*Para*...... estudiar bien, es necesario estar en un sitio tranquilo. (FINALIDAD)
2. Si mañana no te encuentras bien, iré yo .... ti a la reunión. (CAMBIO, SUSTITUCIÓN)
3. Mi tía ahora vive .... el centro. (LUGAR NO PRECISO)
4. La nueva adaptación teatral de *El Quijote* será dirigida .... González Ullás. (COMPLEMENTO AGENTE)
5. Se ha caído de la moto .... ser tan imprudente. (CAUSA)
6. Son las tres de la tarde y tengo la comida .... hacer. (SIN)
7. Mi abuelo siempre duerme un poco .... la tarde. (PARTE DEL DÍA)
8. .... finales de abril, ya tendremos preparado el nuevo número de la revista. (TIEMPO LÍMITE)
9. Les hemos dado la noticia .... teléfono. (MEDIO, INSTRUMENTO)
10. .... mí, Lorenzo es un gran tipo. (OPINIÓN)
11. Si piensas que haré todo el trabajo .... ti, estás muy equivocado. (EN LUGAR DE)
12. En esta escuela tienen un ordenador .... alumno. (DISTRIBUCIÓN)

2. **Como en el ejercicio anterior, completa con *por* o *para* teniendo en cuenta lo que se indica entre paréntesis.**

1. He reservado una mesa ...*para*...... ocho en el restaurante de Paco. (DISTRIBUCIÓN)
2. Estas Navidades pasaré .... Madrid antes de ir a Salamanca. (TRÁNSITO)
3. Déjame en paz, hoy no estoy .... bromas. (SIN DISPOSICIÓN DE ÁNIMO)
4. .... lo poco que le pagan, Liliana trabaja demasiado. (VALORACIÓN)
5. Estos pasteles no son .... vosotros, así que no toquéis el paquete. (DESTINATARIO)
6. El médico me ha recetado unas gotas .... el dolor de cabeza. (FINALIDAD)
7. Hemos pagado 10.000 euros .... el coche nuevo. (PRECIO)
8. El autocar .... Toledo sale dentro de veinte minutos. (EN DIRECCIÓN A)
9. Generalmente, voy al dentista una vez .... año. (PERIODICIDAD)
10. .... lugar bonito e interesante, el Pirineo Aragonés. (COMPARATIVO)
11. He comprado un filtro .... purificar el agua. (FINALIDAD)
12. .... pasteles ricos, los que hace mi madre. (COMPARATIVO)
13. Begoña, por favor, ve .... pan a la cocina. (EN BUSCA DE)
14. Siento gran admiración .... todos los de esta familia. (SENTIMIENTO)
15. Tienes que mandar este paquete .... correo certificado. (MEDIO)
16. Va .... seis meses que no tenemos noticias de Fernando. (HACE CASI)

Tiempo para practicar las preposiciones

3. Relaciona y completa.

POR / PARA

1. En mi ciudad, han construido un estadio *para*
2. El espectáculo al aire libre se suspendió ___
3. Lleva al profesor una autorización ___
4. Esta no es la dirección. Me parece que ___
5. Por favor, no andes ___
6. Me encantaría encontrar un apartamento ___
7. Estoy agotado y todavía me quedan ___
8. Saca muy buenas calificaciones ___
9. El abogado nos ha asegurado que ___
10. El concierto del día 1 fue dirigido ___

a. Tarifa es aquella otra carretera.
b. lo poco que estudia.
c. corregir 9 ejercicios.
d. un joven director de orquesta.
e. más de 20.000 personas.
f. el día 20 todo estará solucionado.
g. la zona universitaria.
h. el césped. Está prohibido.
i. el mal tiempo que hacía.
j. escrito de tus padres o tutores.

4. Completa los espacios con *por* o *para*.

1. La nueva autovía pasará ....*por*...... delante de tu urbanización.
2. Te he dicho mil veces que con la bici vayas sólo .... la acera, no .... la carretera.
3. El día 22 saldremos .... Ávila a las seis de la mañana.
4. A las ocho de la mañana, voy a la estación .... tomar el tren.
5. La verdura es muy buena .... la salud.
6. En su juventud, mi abuelo viajó .... todo el mundo.
7. Va .... tres meses que le presté los apuntes y no me los ha devuelto.
8. .... ti, todos los problemas tienen solución. Admiro tu optimismo.
9. Me gustaría saber .... dónde ha entrado ese gato.
10. No está .... risas. Le acaban de decir que le despiden.
11. Cada vez se compran más artículos .... Internet.
12. Los almacenes que estáis buscando no están .... esta zona.
13. He llamado al hotel y he reservado una habitación .... tres.
14. El acuerdo fue firmado .... todos los países implicados en la guerra.
15. .... mañana, tenéis que leer el tema 17 del libro de Filosofía.
16. Ese chico está como .... llevarlo al manicomio.
17. Baja .... las escaleras. El ascensor no funciona.
18. Este niño va .... ingeniero. Le encantan las construcciones.
19. Han retrasado la reunión .... un momento más adecuado.
20. Magda, esta semana, ... ser tan desobediente, te quedarás sin ir al cine.
21. El piano fue restaurado .... un especialista japonés.

Tiempo para practicar las preposiciones

5. Marca la respuesta correcta.

1. ¿<u>PARA</u> / POR qué sirve esta máquina?
2. Me he comprado un traje de marca PARA / POR poquísimo dinero.
3. PARA / POR la mañana, mi hermano nunca se levanta antes de las 11.
4. ¿Me cambias tu libro PARA / POR el mío?
5. ¿PARA / POR quién es este sobre azul?
6. Esta mañana han comunicado PARA / POR radio que llega una ola de frío.
7. ¿PARA / POR cuándo es el trabajo de lógica?
8. Nunca lo encuentro en casa cuando lo llamo PARA / POR la tarde.
9. PARA / POR mala persona, su cuñada. Es una auténtica víbora.
10. Lanzó una piedra PARA / POR encima de la tapia.
11. En el último concurso han quedado dos plazas PARA / POR cubrir.
12. He comprado unos pasteles PARA / POR celebrar mi cumpleaños.
13. El curso fue clausurado PARA / POR el director del departamento.
14. En Inglaterra, los coches circulan PARA / POR la izquierda.
15. Luisa se ha enfadado conmigo PARA / POR tu culpa.

6. Un poco más difícil. Completa los espacios con *por* o *para*.

1. ...*Para*.... la boda de Raquel, cámbiame tu chal .... el mío. Creo que va mejor con el vestido que me he comprado.
2. Este aparato no sirve sólo .... hacer purés, cremas y salsas, sirve también .... hacer muchas otras cosas.
3. .... haber estado veinte días en la costa, me parece que está muy poco bronceado. .... mí, que en vez de ir a la playa se ha dedicado a bailar de discoteca en discoteca.
4. Aquí no hay patatas suficientes .... hacer una tortilla .... diez personas. .... prepararla bien, hacen falta, ... lo menos, cuatro o cinco patatas más.
5. Estos cuestionarios son .... el martes próximo y los ejercicios .... el viernes .... la tarde.
6. Paseando por el mercadillo, he encontrado unos guantes de piel .... mi madre .... sólo 10 euros.
7. Sacó la cabeza .... la ventanilla tal vez .... sentir el frescor del atardecer.
8. .... coger el tren de las siete, Elvira tiene que levantarse todos los días antes de las seis. .... eso, no suele salir nunca .... la noche.
9. .... ir a la universidad, tienes que pasar .... la Plaza Mayor y .... la Plaza del Corrillo.
10. .... un lado, está bien que los niños no tengan escuela los sábados pero, ... otro, sería de agradecer que propusieran actividades voluntarias .... los estudiantes cuyos padres trabajan también ese día.
11. Es la una y todavía tienes la cama .... hacer. Tus padres te van a castigar .... ser tan vago y desordenado.

Tiempo para practicar las preposiciones

2. El manual, escrito .... González y editado .... Edelsa, ha sido muy bien aceptado .... el público. Se estima que, ... finales de mes, se habrán vendido más de 100.000 ejemplares.
3. Si estás cansado, vete a dar una vuelta .... ahí. Ya sabes que, ... mañana, tienes que estar descansado.
4. Estoy tan contenta .... la noticia que acabo de recibir que pienso llamar .... teléfono a todos mis amigos .... contárselo todo.

7. De nuevo, completa los espacios con *por* o *para*.

1. Alejandro estudia ...*para*.... médico, pero no lo hace .... gusto sino .... obligación. En su familia todos los chicos se dedican a lo mismo.
2. .... relajarme y pensar con calma las cosas, me encanta pasear .... las calles del Casco Antiguo.
3. Sentía gran impaciencia .... saber .... qué le habían convocado a aquella hora tan extraña.
4. Lo cierto es que, con tanta fiebre, el niño no está .... juegos. .... estar tranquilos deberíamos llamar inmediatamente al médico.
5. Estudia mucho .... que le den la ayuda .... pagar los estudios. .... ese motivo, reserva sus salidas únicamente .... el domingo .... la tarde.
6. Le dijo .... teléfono que, ... motivos que no podía explicarle en ese momento, no pensaba volver a salir con él.
7. Mi abuela, ... tener casi ochenta años, se conserva muy bien. Ella dice que es .... la alimentación que ha seguido siempre.
8. He llegado tarde a la cita .... culpa de Antonio, que me ha entretenido en su despacho .... contarme .... qué le han puesto una multa en Hacienda.
9. Te repito .... tercera y última vez que dejes tranquilo al gato. Te va a arañar .... ser tan pesado.
10. Con tanto frío, el agua que pasa .... las tuberías externas se ha congelado y, ... eso, se han roto y no tenemos .... ducharnos ni .... beber.
11. .... poder comprarle un buen regalo a Federico .... su cumpleaños, deberíamos poner, ... lo menos, 15 euros .... persona.
12. .... una vez que no hago los deberes, la profesora me saca al encerado .... que haga la traducción de latín y me pone un cero .... no tenerla escrita en el cuaderno. ¡Qué triste destino el mío!
13. Va .... cuatro meses que dejé de tomar sal .... la dieta, pero .... ahí seguro que encuentras algún salero. Lo guardo .... las visitas.
14. Es necesario que alguien haga algo .... nosotros porque, como siga empeorando nuestra situación laboral, dentro de poco estaremos como .... pedir limosna .... ahí.
15. Este cuadro, realizado .... encargo del rey, fue pintado .... un gran artista. Se nota .... la técnica y .... el uso de los colores.
16. Como Alberto no se sentía bien .... viajar, fue Luis al congreso .... él.

Tiempo para practicar las preposiciones

8. Indica el valor de la preposición.

1. Trabaja en un bar PARA pagarse los estudios. — *Finalidad*
2. Perdimos el avión POR unos minutos.
3. A ver si, POR una vez, te comportas bien.
4. La paella está como PARA comerse tres platos.
5. Voy PARA casa de Andrés. Me está esperando.
6. Se queja POR todo. No se puede salir con él.
7. Va PARA dos semanas que no sé nada de él. ¡Qué raro!
8. Bajo POR pan, porque el que tenemos está duro.
9. Luis se casa POR lo civil.
10. PARA libro bien escrito, el que te regalé en Navidad.
11. Hoy no estoy PARA bromas, así que no me molestes más.
12. Me quedan POR leer tres capítulos de ese libro.
13. Juana va PARA dentista.
14. PARA lo poco que hace, gana muchísimo.
15. Oye, canta PARA ti, que no me dejas estudiar.

9. Completa el siguiente texto con *por* o *para*.

MANUAL DE CONSEJOS RADIOFÓNICOS (1. *por* Don Redicho Plomizo)
Consejo 2543

2. .... mantenerse en forma y no sufrir 3. .... no tener un aspecto maravilloso, hay que tener voluntad y constancia y, 4. .... supuesto, aprender a verse con buenos ojos. Es también importante, 5. .... mí y 6. .... otros grandes especialistas, no dejar las cosas siempre 7. .... otro día, es decir, si, 8. .... ejemplo, se quiere empezar a ir al gimnasio o a correr 9. .... ponerse en forma, es necesario fijar una fecha y respetarla 10. .... mucho que apetezca hacer otra cosa. Pero, 11. .... otro lado, hay que aprender a no vivir perseguido 12. .... el remordimiento 13. .... las cosas no hechas o hechas mal. A fin de cuentas, querido oyente, lo fundamental 14. .... estar bien es quererse, aceptarse y no pensar que si algo no funciona, o hay cosas 15. .... hacer, es siempre 16. .... culpa tuya. Y si esto funciona, hacer un régimen o ejercicio, es secundario, tengas el aspecto que tengas. Bien, 17. .... una vez voy a ser breve. Pensad en lo que he dicho. 18. .... hoy, es todo. Hasta mañana, a la misma hora.

Tiempo para practicar las preposiciones

3. INDICAR LA INMINENCIA DE LA ACCIÓN

A. ESTAR POR / ESTAR PARA

ESTAR POR:

a1. **Indica la intención no definida de hacer algo.**
Estoy **por** bajar al piso de abajo y decirles que quiten la música.
Estaba **por** abandonar la sala cuando me tropecé con él.
Estoy **por** llamar al restaurante mexicano y reservar una mesa.

ESTAR PARA:

a2. **Indica que una acción se va a producir (inminencia). Equivale a la expresión, más utilizada, *estar a punto de*.**
Está **para** llover.
Termina ya el test porque el timbre está **para** sonar.
El tren está **para** salir en la vía 6.

Practica

1. Completa las siguientes frases con *por* o *para*.

1. La vaca está ...*para*... parir.
2. El tren está .... salir. Faltan sólo un par de minutos
3. Estoy .... llamar al médico y decirle que venga.
4. La novela está ya .... mandarla a la imprenta.
5. Estábamos............... levantarnos e irnos cuando apareció el director.
6. Cuidado, porque esa pared está .... caerse.
7. Cuando está .... nevar, el cielo se pone de un gris que me encanta.
8. Estoy .... castigarlo, así aprenderá a comportarse.
9. La función estaba .... terminar cuando se oyó el terrible estruendo.
10. Realmente está muy deprimido. Está .... renunciar a sus estudios.
11. Mira que nubes hay. Está .... llover.
12. Estoy .... llamar a Carlos y anular la cena con él.

Tiempo para practicar las preposiciones

Lee y completa

1. Y para terminar... completa el siguiente diálogo.

Carlos: ¿Tienes planes **1. para** las próximas vacaciones de Semana Santa?

Adrián: **2.** supuesto. Tenía pensado ir a Las Hurdes **3.** visitar el valle, el monasterio y todos los pueblos de los alrededores. **4.** mí, aquello es mundo **5.** descubrir y, desde que leí el artículo de *El País* la verdad es que me muero **6.** ir.

Carlos: No te olvides de llevarte la cámara **7.** inmortalizar los rincones más especiales, así, **8.** lo menos, los podré ver en foto.

Adrián: La verdad es que pensaba recorrer el valle **9.** los cuatro costados, pero lo de las fotos es **10.** otro tipo de turista, no **11.** mí. ¿Sabes? Además, estoy pensando que ¿ **12.** qué no te vienes conmigo?

Carlos: Ya, pero no estoy **13.** viajes. El viernes trabajo **14.** la mañana y **15.** la semana siguiente tengo que entregar un informe.

Adrián: ¡Ah!, pero no me dirás que **16.** una vez no puedes pedir un día de permiso y organizarte **17.** tener el trabajo de la otra semana bastante adelantado.

Carlos: Sí... Bueno... Te lo digo. Mira, **18.** mucha vergüenza que me dé, el problema es que no estoy **19.** muchos gastos, **20.** lo del piso y todo eso.

Adrián: ¡Eso se dice antes, hombre! No te preocupes **21.** el dinero. Nos va a salir baratísimo. Ya sabes, **22.** chico ahorrativo y buen organizador, yo mismo. Tú, haz lo posible **23.** estar libre el viernes y lo demás, déjamelo a mí. Vamos no sólo a ir, sino a estar bien **24.** cuatro euros.

Carlos: Si tú lo dices...

Tiempo para practicar las preposiciones

CAPÍTULO 4

So   Desde   Cabe

Sin   Sobre   Según

Hasta   Hacia   A

REPASO DE TODAS LAS PREPOSICIONES

Tras   Ante   Bajo

En   De   Con

Entre   Contra   Para

Por

Tiempo para practicar las preposiciones

1. USOS BÁSICOS

Para poder trabajar en este capítulo con todas las preposiciones, es necesario que veamos cuáles son los usos básicos de aquellas que no hemos tratado hasta ahora. Probablemente ya las hayas estudiado, pero un repaso, aunque sea esquemático, siempre puede resultarte útil.

A. ANTE

a1. Expresa ubicación. Significa *delante de* o *en presencia de*. Puede utilizarse en sentido real y, sobre todo, en sentido figurado.
*Se colocó **ante** la puerta y no dejó pasar a nadie.*
*Lo mejor, **ante** el peligro, es no vacilar.*
*El caso será llevado **ante** los tribunales.*
***Ante** el rey, tienes que hacer una pequeña inclinación.*

B. BAJO

b1. Expresa ubicación. Tiene el significado de *debajo de*. Se suele usar en sentido figurado. Puede indicar sometimiento.
*El gato se metió **bajo** el sofá.*
*Los refugiados están **bajo** la protección de las Naciones Unidas.*
*Todos estamos **bajo** las órdenes del director.*

C. Principales usos de CON

c1. Indica compañía o relación.
*Antes salía mucho **con** los vecinos del quinto.*
*Ayer, por fin, pude hablar tranquilamente **con** Gerardo.*

c2. Indica el contenido de algo o los ingredientes.
*El paquete **con** los documentos llegó ayer a la oficina.*
*Me encantan los macarrones **con** tomate.*

c3. Indica el medio, el instrumento y el modo.
***Con** su alegría y buen humor, hizo que la fiesta fuese un éxito.*
*Cerró el paquete **con** cinta aislante.*
*Tienes que aprender a actuar **con** más prudencia.*

Nota: Dado el uso escaso y restringido de las preposiciones *CABE* y *SO* no las tratamos en los ejercicios.

Tiempo para practicar las preposiciones

D. Principales usos de CONTRA

d1. Indica oposición o contrariedad.
*Ayer hubo una manifestación **contra** la violencia.*
*Afirmar eso va **contra** toda norma de convivencia.*
*Lanzó una piedra **contra** la cristalera de la biblioteca y la rompió.*

d2. Con valor espacial indica una persona o cosa apoyada en otra.
*No apoyes la silla **contra** la pared.*
*Dejó la guitarra **contra** el armario y se cayó.*

E. Principales usos de SEGÚN

e1. Expresa el punto de vista, la opinión o indica el origen de un conocimiento.
***Según** Adela, mis primos no pueden venir mañana.*
***Según** los físicos, la Teoría del Caos dará mucho que hablar en adelante.*

e2. Indica conformidad o dependencia.
***Según** las normas de este centro, has cometido una infracción grave.*
***Según** me levante mañana, iré o no a la excursión.*

F. SIN

f1. Se usa para indicar carencia, privación o ausencia en sentido general.
*Ayer salí **sin** dinero y no pude comprarme nada.*
*Está claro que Jorge no puede vivir **sin** ti.*
*¿Cuánto tiempo llevas **sin** practicar algún deporte?*

G. SOBRE (además de los usos ya vistos)

g1. Indica tiempo aproximado o localización precisa (*encima de*), introduce el tema o el asunto del que se trata (*acerca de*) y también puede expresar acumulación.
*Tenemos que hablar **sobre** lo que pasó ayer en casa de Antonio.*
*Las cajas estaban colocadas unas **sobre** otras formando una montaña.*

Tiempo para practicar las preposiciones

H. TRAS

h1. Significa *detrás de* o *después de*, en sentido real o figurado.
*Corrimos **tras** él, pero no lo atrapamos.*
***Tras** ese aspecto tan descuidado se esconde un verdadero señor.*
***Tras** pagarnos la comida, se ofreció también a acompañarnos a casa.*
***Tras** su explicación, quedó aclarado el malentendido.*

Comprueba

1. Ayudándote con el esquema gramatical (fíjate bien en los ejemplos), indica de qué uso de las preposiciones se trata en cada ocasión.

1. He viajado en un barco BAJO bandera islandesa. ¡Qué curioso!   *b1*
2. El domingo por la noche estaba agotada TRAS tanto caminar por la tarde.   _____
3. ANTE el nuevo ataque, los generales decidieron cambiar de estrategia.   _____
4. Me han vendido un libro CON varias páginas en blanco.   _____
5. En el congreso hablarán SOBRE un tema que me interesa muchísimo.   _____
6. No entren en ese jardín SIN el permiso de sus propietarios.   _____
7. CONTRA todo pronóstico, nos alquilaron la casa por menos de lo que pedían.   _____
8. No me gusta tomar el café SIN azúcar.   _____
9. SEGÚN los últimos pronósticos, mañana lloverá.   _____
10. Si vas a la fiesta de mañana, podrás hablar CON Nuria.   _____
11. ¿Sabes si el accidente ocurrió ANTE testigos?   _____
12. TRAS el director entraron en la sala todos sus empleados.   _____

2. Completa con una de las preposiciones del esquema teniendo en cuenta lo que se indica entre paréntesis.

1. Los bomberos derribaron la puerta ...*con*...... sus machetes. (INSTRUMENTO)
2. Con la tempestad, los botes parecían saltar .... las olas. (ENCIMA DE)
3. Se situó .... la ventana y se puso a mirar por los prismáticos. (DELANTE DE)
4. El domingo conseguimos entrar en el cine .... pagar. (CARENCIA)
5. Desde este momento, esos documentos quedan .... tu custodia. (DEBAJO DE, figurado)
6. .... la cena, decidimos salir a dar una vuelta por la ciudad. (DESPUÉS DE)
7. Lo que ha hecho va .... el sentido común. (OPOSICIÓN)
8. .... las últimas encuestas, las elecciones no las va a ganar el partido en el poder. (REFERENCIA)

Tiempo para practicar las preposiciones

Practica

1. Completa las siguientes frases con una de las preposiciones del recuadro. (Recuerda que sólo puedes usar cada preposición una vez).

> A / ANTE / BAJO / CON / CONTRA / DE / DESDE
> EN / ENTRE / HASTA / HACIA / PARA / POR
> SEGÚN / SIN / SOBRE / TRAS

1. Parece ser que se puso tan agresivo porque estaba ....*bajo*........ los efectos de alguna droga.
2. Nos han sugerido que, por cuestiones de seguridad, permanezcamos toda la mañana .... nuestros despachos y que no salgamos.
3. Si está aquí es, sin duda, ... su voluntad, porque no quería venir de ninguna manera.
4. El futuro de nuestro planeta no se presenta, ... los ecologistas, de color de rosa.
5. Esa profesora es, ... mí, la mejor que hemos tenido hasta ahora.
6. Juró .... la comisión de disciplina que no había entregado ningún documento falso.
7. Nos mandó un saludo .... el coche, pero no se acercó a nosotros.
8. Son las doce y todavía tienes la cama .... hacer. La verdad es que no sé a qué estás esperando.
9. Las nuevas estaciones de metro han sido proyectadas .... famosísimos arquitectos.
10. El acusado entró en la sala .... el abogado defensor y el fiscal.
11. Han decidido que se quedarán en Madrid .... que se les acabe el dinero.
12. El año que viene iré de veraneo .... algún pueblecito del Norte.
13. No sé .... dónde sacas que tenemos mucho dinero.
14. La nueva sala de ordenadores va a estar .... mi despacho y la sala de reuniones.
15. Mañana, llámame .... las dos. Antes no, porque no habré llegado.
16. Las próximas Navidades iré de excursión a la sierra .... Carlos y Pilar. Cuando viajamos juntos, nos lo pasamos en grande.
17. No me gusta nada hablar .... ese desagradable asunto.

Tiempo para practicar las preposiciones

2. Inténtalo de nuevo y no olvides que sólo puedes usar cada preposición una vez.

> A / ANTE / BAJO / CON / CONTRA / DE / DESDE
> EN / ENTRE / HASTA / HACIA / PARA / POR
> SEGÚN / SIN / SOBRE / TRAS

1. Héctor ha dicho que viene al cine con nosotros pues hoy terminará su turno ......*a*...... las diez en punto.
2. Considero poco prudente que, con la tos que tienes, hayas decidido darte un paseo .... la lluvia.
3. Aquel señor .... bigote y camisa verde es mi nuevo profesor de física.
4. Me acabo de dar cuenta de que he salido .... dinero. A ver cómo pago yo ahora las entradas que me ha encargado mi hermana.
5. Eso que le estás proponiendo a Yago, no lo haría yo ni .... todo el oro del mundo.
6. Lo he decidido y lo haré, ... tu permiso o no, porque creo que tengo razón.
7. Si permanecen .... ese sitio, es porque no tienen otro adonde ir.
8. Aunque salió corriendo .... la cocina para apagar el horno, no pudo evitar que se quemara la carne.
9. La contaminación del aire, ... los últimos análisis, está paulatinamente disminuyendo.
10. Este traje es .... la fiesta de Manuela, así que procura no usarlo antes.
11. Las negociaciones se interrumpieron .... las declaraciones a la prensa de los líderes de los dos bandos enfrentados.
12. Por favor, coloca esas sillas .... la pared. Así habrá más espacio en la sala.
13. Como yo no sabía cuál sería su reacción .... el problema, decidí no comentarle nada.
14. Conozco a María .... la más tierna infancia. Fuimos, incluso, a la misma guardería.
15. Quiero que todo lo que te ha contado quede .... nosotros.
16. No me moveré de aquí .... convenceros completamente de mi teoría.
17. Mi madre apaga la tele cada vez que sale alguien hablando .... guerras y violencias.

Tiempo para practicar las preposiciones

3. Marca la preposición adecuada.

1. Entró en la sala de examen y A / SOBRE las dos horas salió de allí con el título en la mano.
2. Baja con mucho cuidado. Hay un agujero PARA / EN el segundo escalón.
3. No lo volveré a llamar HASTA / DESDE el mes que viene. No puedo gastarme tanto en teléfono.
4. Nos darán los resultados de las pruebas HACIA / POR las once de la mañana.
5. Son las tres y tienes todavía la cama SIN / PARA hacer. ¡Qué vago eres!
6. Mi tío es un poco reaccionario. POR / SEGÚN él, nada debe cambiar.
7. Si te apetece, podemos hacer el informe CON / ENTRE los dos. Así será más fácil.
8. Si alguien me busca, estaré en mi casa ANTE / DESDE las nueve.
9. Los Gómez TRAS / BAJO la última discusión, decidieron separarse.
10. Por favor, deja tus documentos SOBRE / CONTRA esa mesa y acércate.
11. Nos prometió que nos devolvería el disco ENTRE / EN unos días, pero no lo hizo.
12. La verdad es que, PARA / SEGÚN lo listo que es, obtiene pésimos resultados.
13. Es probable que nos volvamos a ver BAJO / POR Carnaval.
14. Yo creo que Luisa no ha actuado CONTRA / CON mala voluntad.

4. Marca la preposición correcta.

1. A / DE / EN otoño, me gusta pasear por el bosque más que A / DE / EN primavera.
2. Hoy me quedo A / DE / EN la cama porque tengo un poco de fiebre.
3. Su nueva novela será publicada A / CON / EN principios de junio.
4. Intentaremos proponer algo CON / CONTRA / PARA los despidos en la próxima reunión.
5. Sara empezó a escribir A / CON / DE los cuatro años.
6. Como vuelvas a contestar DE / EN / CONTRA malos modos a tu hermano, recibirás un buen castigo.
7. He olvidado las llaves de la oficina CONTRA / POR / EN la mesa del salón.
8. Mi primo es aquel chico DE / CON / SEGÚN pelo rubio y bigotes que está hablando con Michael.
9. El curso de salsa y merengue empieza A / EN / TRAS diciembre.
10. Llevaron A / DE / EN Urgencias al niño porque no dejaba de vomitar.
11. He cruzado A / CON / EN bicicleta toda la ciudad y, por eso, estoy tan cansada.
12. El especialista le ha dicho que tendrá los resultados de los análisis A / EN / ENTRE veinte días.
13. Le he dicho A / DE / SEGÚN el camarero que todavía no nos traiga el postre.
14. Dirigió su mirada HACIA / HASTA / POR el balcón, pero allí no había nadie.
15. SIN / CON / SEGÚN su alegría, Sara consiguió animar a todos sus amigos.
16. Es inutil que insistáis. Daniel no va a actuar SIN / CONTRA / BAJO la voluntad de su padre.
17. Conozco a Juan DESDE / DE / EN la época de estudiantes.

Tiempo para practicar las preposiciones

5. Relaciona y completa con la preposición adecuada.

1. No vuelvas a dejar las llaves _en_ a. tres semanas. Casi está terminado.
2. El viaje de fin de curso se hará ____ b. bicicleta y recorrer varias zonas.
3. Mi hermana pequeña anduvo ____ c. la mesa del salón. Ese no es su sitio.
4. Te daré el libro que me dejaste ____ d. nosotros y nos mandó callar.
5. Me gustaría hacer un largo viaje ____ e. finales de junio, tras los exámenes.
6. Nos entregarán el apartamento ____ f. los dieciocho meses.
7. Cuando nos oyó hablar, se giró ____ g. mis padres que me iba a vivir solo.
8. El año próximo iré a los Alpes ____ h. octubre y no antes, por las obras.
9. Los tíos de Rosa llegaron anoche ____ i. invierno. Tengo ganas de esquiar.
10. Anteayer le comenté ____ j. la cama hasta más tarde.
11. Como tienes fiebre, quédate ____ k. su casa y la encontraron vacía.
12. Han dicho que el curso empezará ____ l. un par de días. Ya no lo necesito.

6. ¿Y si ahora pruebas a completar un texto? Completa con la preposición adecuada.

Jaime: ¿Has oído las últimas noticias? La verdad es que no entiendo cómo los niños son tan violentos. Tú, ¿cómo lo ves?

Dora: Bueno, ten 1. ...*en*... cuenta que, aunque vayan 2. .... una escuela progresista y no les permitan ver películas violentas ni jugar 3. .... juguetes bélicos, viven rodeados de violencia 4. .... todas partes. Respecto 5. .... el control, es muy difícil saber qué pasa 6. .... la calle, 7. .... la escuela... y, además, la influencia 8. .... la televisión 9. .... ellos es enorme. 10. .... pocas palabras, me atrevería a decir que la tele decide 11. .... ellos. 12. .... que son apenas unos bebés, 13. .... que cumplen, 14. .... lo menos, catorce años, viven 15. .... otro mundo, hipnotizados 16. .... ella, 17. .... poder pensar 18. .... sí mismos. Deberían prohibirla.

Jaime: Me dejas casi 19. .... palabras. No sabía que fueses tan radical.

7. Completa con la preposición adecuada.

1. ..*A*...... los dieciséis años conocí 2. .... Diana. Llegó 3. .... mi vida 4. .... el calor y las vacaciones... Una tarde entró 5. .... el bar 6. .... la esquina precedida 7. .... su hermano, mi eterno rival. 8. .... ella, iban su hermana pequeña y la tata. Me acerqué 9. .... las tres y traté 10. .... mostrarle lo más simpático posible, pero era evidente que, 11. .... aquel grupo familiar, yo tenía poco que ver. 12. .... ese motivo, 13. .... los pocos minutos y 14. .... mediar más que los saludos 15. .... rigor 16. .... nosotros, me despedí 17. .... ellas. Me sentía ridículo y 18. .... ánimos. Si era esto todo 19. .... lo que podía ser capaz, era mejor que me marchara 20. .... pasar las vacaciones 21. .... la sierra. No quería quedarme 22. .... el barrio y verla, 23. .... lejos, de vez 24. .... cuando, 25. .... poder salir 26. .... ella...

Tiempo para practicar las preposiciones

8. Completa con la preposición adecuada.

El verano del 83 estuve, 1. ...*por*... primera vez, 2. .... vacaciones 3. .... Las Navas 4. .... mis primos de Albacete. 5. .... los pocos días de habernos instalado todos 6. .... casa de la abuela Sonsoles, llegaron los Prieto, unos viejos amigos de mis padres que no iban por el pueblo 7. .... hacía bastantes años. Fue así como conocí 8. .... Alberto y 9. .... Tomás, hijos del matrimonio, que, 10. .... aquel momento y 11. .... ahora, se convirtieron 12. .... casi unos hermanos. Día 13. .... día, con el contacto continuo 14. .... juegos y confidencias, se fue forjando 15. .... nosotros una profunda amistad. Casi todas las tardes íbamos todos juntos 16. .... el río, 17. .... la poza Mariuca y nos dábamos más 18. .... un baño 19. .... sus aguas cristalinas y un poco misteriosas. 20. .... la noche solíamos bajar, después de cenar, 21. .... la plaza del pueblo 22. .... los mayores, quienes nos invitaban siempre 23. .... tomar un refresco. Me encanta recordar 24. .... mi abuela sentada 25. .... una silla del bar contándonos cuentos y leyendas 26. .... el lugar. Nunca volvíamos 27. .... casa antes de la una [...]. 28. .... mediados 29. .... agosto mi padre decidió que no volveríamos a Madrid 30. .... finales 31. .... octubre. Había pasado algo de lo que no se nos informó 32. .... ningún momento, pero 33. .... nosotros, la posibilidad 34. .... permanecer tanto tiempo 35. .... aquel paraíso, era una especie 36. .... milagro. Al final, no pisamos Madrid 37. .... después 38. .... el día de Todos los Santos... Fueron unos meses maravillosos e inolvidables.

Lee y completa

1. Elige la preposición adecuada.

CRÓNICA DEL DESAMOR (fragmento)

Un día, era fin 1. EN / DE curso y acababa 2. DE / POR pasar la reválida de cuarto, Ana tenía los catorce, estrenaba falda estrecha y unos tacones heredados 3. POR / DE su madre, un día 4. EN / POR fin, acabadas las clases se arremolinaban frente al tablón 5. CON / DE notas todas las compañeras, parlanchinas, 6. CON / SIN el pelo cardado 7. CON / SEGÚN moda, algunas muy pintadas, ansiosas 8. PARA / DE demostrarse mutuamente lo mucho que habían crecido 9. EN / HASTA la última semana de colegio. Esa mañana, sin embargo se organizó un revuelo, y Teodora, la cruel bedela, corría o más bien trotaba 10. CON / EN pesadez 11. PARA / POR los pasillos haciendo retemblar las carnes.

Rosa Montero

Tiempo para practicar las preposiciones

2. En el siguiente texto hay cinco preposiciones "intrusas" entre las indicadas en mayúscula. Intenta localizarlas y escribir en el espacio correspondiente la preposición adecuada.

MUJERES DE OJOS GRANDES

No era bonita la tía Cristina Martínez, pero algo tenía EN **1.** ✓ sus piernas flacas y su voz atropellada que la hacía interesante.
PARA **2.** _____ desgracia, los hombres A **3.** _____ Puebla no andaban buscando mujeres interesantes PARA **4.** _____ casarse con ellas y la tía Cristina cumplió veinte años SIN **5.** _____ que nadie le hubiera propuesto ni siquiera un noviazgo de buen nivel. Cuando cumplió veintiuno, sus hermanas estaban casadas CON **6.** _____ bien o PARA **7.** _____ mal y ella pasaba el día entero CON **8.** _____ la humillación de estarse quedando PARA **9.** _____ vestir santos. EN **10.** _____ poco tiempo sus sobrinos la llamarían "quedada" y ella no estaba segura HASTA **11.** _____ poder soportar ese golpe. Fue después DE **12.** _____ aquel cumpleaños que terminó con las lágrimas DE **13.** _____ su madre EN **14.** _____ la hora en que ella sopló las velas del pastel, cuando apareció en el horizonte el señor Arqueros.

Ángeles Mastretta

3. Completa con las preposiciones adecuadas.

LOS PARENTESCOS

A lo primero vivíamos **1.** *en* Segovia. Lo peor **2.** _____ ser muchos es que tardas **3.** _____ saber cuál es tu sitio, depende **4.** _____ la hora, de la gente que haya **5.** _____ casa y de la cara que traiga alguien que entra de repente. Resulta difícil saber **6.** _____ quién estorbas y **7.** _____ quién no, nunca es al mismo, no hay leyes **8.** _____ medir la incomodidad que produces **9.** _____ darte cuenta. ¿Sirve **10.** _____ algo culpar al cielo de un chaparrón? El primer dato aprovechable es sospechar que **11.** _____ ellos, de un parpadeo a otro, también les puede estar cayendo encima la nube y se los ve inquietos; igual les influye un ruido **12.** _____ el que no contaban, un recuerdo ingrato o alguna mirada impertinente, no sé, se quedan **13.** _____ un aire y les bajan sombras **14.** _____ la cara, quisieran salir volando **15.** _____ la ventana. Aunque sean mayores. Así que a fuerza **16.** _____ tropezar, y de fijarte **17.** _____ cómo tropiezan los otros, te acabas colocando **18.** _____ astucia y vas ganando terreno **19.** _____ un mapa raro que tampoco coincide **20.** _____ el suyo. Como **21.** _____ la guerra. Ningún soldado sabe adónde va -aunque avancen- y al capitán pocos lo conocen. **22.** _____ esa etapa, capitán propiamente dicho no lo había. Yo, de guiarme **23.** _____ alguien, prefería copiar **24.** _____ Máximo, al único que **25.** _____ verdad los demás y sus humores le resbalaban. No se enfadaba **26.** _____ nadie,

48

Tiempo para practicar las preposiciones

y si se enfadaban **27.** ___ él, impasible. Siempre hacía lo que le daba la gana. Claro que eso tampoco es ser un capitán, cargo que exige mando y no desentenderse. No había capitán, ya digo. Cada cual tenía que echar mano **28.** ___ su propio ingenio, y el mío se afiló pronto a base **29.** ___ explorar lo conocido como si nunca lo hubiera visto, buscándole la trampa, **30.** ___ prisa.

Carmen Martín Gaite

4. Completa.

PROPIEDADES DE UN SILLÓN (*Historias de Cronopios y famas*)

1. *En* casa **2.** ___ Jacinto hay un sillón **3.** ___ morirse. Cuando la gente se pone vieja, un día la invitan **4.** ___ sentarse **5.** ___ el sillón que es un sillón como todos pero **6.** ___ una estrellita plateada **7.** ___ el centro del respaldo. La persona invitada suspira, mueve un poco las manos como si quisiera alejar un poco la invitación, y después va a sentarse **8.** ___ el sillón y se muere. Los chicos, siempre traviesos, se divierten en engañar **9.** ___ las visitas **10.** ___ ausencia **11.** ___ la madre, y las invitan **12.** ___ sentarse **13.** ___ el sillón. Como las visitas están enteradas, pero saben que **14.** ___ eso no se puede hablar, miran **15.** ___ los chicos **16.** ___ gran profusión y se excusan **17.** ___ palabras que nunca se emplean cuando se habla **18.** ___ los chicos, cosa que **19.** ___ estos los regocija extraordinariamente. Al final las visitas se valen **20.** ___ cualquier pretexto **21.** ___ no sentarse, pero más tarde la madre se da cuenta **22.** ___ lo sucedido y **23.** ___ la hora **24.** ___ acostarse hay palizas terribles. No **25.** ___ eso escarmientan, **26.** ___ cuando **27.** ___ cuando consiguen engañar **28.** ___ alguna visita cándida y la hacen sentarse **29.** ___ el sillón. **30.** ___ estos casos los padres disimulan, pues temen que los vecinos lleguen **31.** ___ enterarse **32.** ___ las propiedades del sillón y vengan **33.** ___ pedirlo prestado **34.** ___ hacer sentar **35.** ___ una u otra persona **36.** ___ su familia o amistad. Entre tanto los chicos van creciendo y llega un día en que **37.** ___ saber por qué dejan **38.** ___ interesarse **39.** ___ el sillón y las visitas. Más bien evitan entrar **40.** ___ la sala, hacen un rodeo **41.** ___ el patio, y los padres que ya están muy viejos cierran **42.** ___ llave la puerta **43.** ___ la sala y miran atentamente **44.** ___ sus hijos como queriendo leer en su pensamiento. Los hijos desvían la mirada y dicen que ya es hora **45.** ___ comer o **46.** ___ acostarse. **47.** ___ las mañanas el padre se levanta el primero y va siempre **48.** ___ mirar si la puerta **49.** ___ la sala sigue cerrada **50.** ___ llave, o si alguno **51.** ___ los hijos no ha abierto la puerta **52.** ___ que se vea el sillón **53.** ___ el comedor, porque la estrellita **54.** ___ plata brilla hasta **55.** ___ la oscuridad y se la ve perfectamente **56.** ___ cualquier parte del comedor.

Julio Cortázar

Tiempo para practicar las preposiciones

5. Completa.

LA SOPA DE ULISES (*Crónicas urbanas*)

1. *A* las once 2. _____ la mañana, el profesor se encontraba solo 3. _____ casa, buscaba febrilmente cualquier libro heroico 4. _____ los anaqueles 5. _____ la biblioteca y 6. _____ el tocadiscos sonaba música 7. _____ Beethoven. Se había puesto 8. _____ palpar cada lomo 9. _____ la estantería 10. _____ que, 11. _____ fin, las letras nacaradas 12. _____ *La Odisea*, 13. _____ Homero, le brillaron 14. _____ el fondo 15. _____ la mano. Atrapó el volumen, sopló el polvo 16. _____ el canto superior y esta vez ni siquiera lo abrió. Sabía que estaba rebosante 17. _____ dioses, mitos, pasiones, aspiraciones 18. _____ belleza, hazañas y sueños inasequibles. El profesor se fue 19. _____ la cocina 20. _____ él y allí se dispuso 21. _____ preparar todo lo necesario 22. _____ hacer un buen sofrito 23. _____ la olla exprés. Tarareando el tercer movimiento 24. _____ *La Pastoral*, peló una cebolla y dos dientes 25. _____ ajo, cubrió el fondo 26. _____ el cacharro 27. _____ una capa de aceite y encendió el gas. Cuando aquello estuvo bien dorado, añadió agua suficiente 28. _____ algunas pizcas 29. _____ sal y una rama 30. _____ perejil. Metió el libro 31. _____ la olla, la tapó herméticamente 32. _____ la palanca 33. _____ acero, y *La Odisea*, 34. _____ Homero, 35. _____ una edición 36. _____ lujo, comenzó 37. _____ cocerse 38. _____ fuego lento como un repollo. Era exactamente lo que quería comer ese día.

Manuel Vicent

CAPÍTULO 5

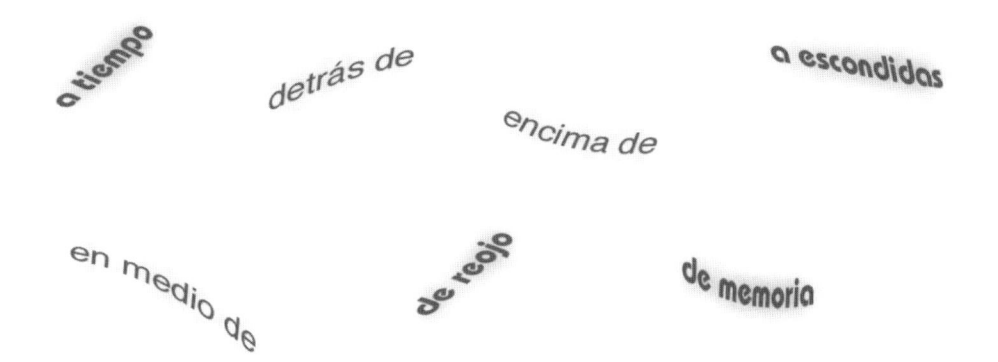

a tiempo
detrás de
a escondidas
encima de
en medio de
de reojo
de memoria

CONSTRUCCIONES Y LOCUCIONES PREPOSICIONALES
1. Construcciones preposicionales
2. Locuciones preposicionales

debajo de
en broma
en paz
a pesar de
acerca de
en voz baja
además de
con respecto a
de compras
a través de
junto a
a disgusto

Tiempo para practicar las preposiciones

1. CONSTRUCCIONES PREPOSICIONALES

A continuación te ofrecemos el cuadro de las construcciones con las que vamos a trabajar. Observa con atención las agrupaciones.

A. Con la preposición A

A disgusto
A escondidas
A gusto
A oscuras
A pie
A tiempo

B. Con la preposición DE

De compras
De memoria
De milagro
De noche
De pie
De reojo
De rodillas
De vacaciones
De viaje

C. Con la preposición EN

En autobús
En broma
En forma
En paz
En serio
En tren
En voz alta
En voz baja

Tiempo para practicar las preposiciones

Comprueba

1. Observa el cuadro y completa las siguientes frases con la preposición adecuada.

1. Si hoy hay huelga de transportes, tendremos que ir a la escuela ......*a*............ pie.
2. Espero que estés hablando .... broma al decir que te has despedido del trabajo.
3. El barrio de Tejares se quedó .... oscuras por una avería en la central eléctrica.
4. Mañana, intenta llegar .... tiempo a la cita con el dentista. La última vez llegaste tarde.
5. Últimamente no me encuentro muy .... forma. Tengo que hacer más deporte.
6. Me gustaría vivir tranquilo y .... paz. No pido más.
7. El bedel leyó .... voz alta la lista de los admitidos a las pruebas orales de idiomas.
8. Lucas salió tan tarde de casa que tomó el tren .... milagro.
9. Te lo digo .... serio. Si no cambias de actitud, vas a tener problemas con los profesores.
10. Para la clase del lunes, tengo que aprenderme diez fórmulas matemáticas .... memoria.

2. Completa también estas frases.

1. Ayer fuimos a la playa y aunque no pudimos bañarnos, estuvimos muy ......*a*............ gusto allí.
2. Cuando Miriam llegó a casa, ya se había hecho .... noche.
3. No sé qué querrá ese hombre que no hace más que mirarnos .... reojo.
4. Visto que no hay asientos libres, haremos el viaje .... pie.
5. Hace tiempo que sólo me gusta viajar .... tren.
6. Para no sentirme .... disgusto, prefiero estar en lugares tranquilos.
7. Últimamente salgo todos los meses .... compras.
8. Os ruego que habléis .... voz baja porque me duele mucho la cabeza.
9. Si me tocara la lotería, me iría .... vacaciones.
10. Es absurdo que comas tanto chocolate .... escondidas y luego digas que tú no pruebas lo dulce.
11. Ayer tuvimos que estar toda la conferencia .... pie porque no había sillas libres.
12. No le volveré a ayudar aunque me lo pida .... rodillas.

Tiempo para practicar las preposiciones

Practica

1. Completa las siguientes frases con una de las expresiones del recuadro.

> DE COMPRAS
> DE VACACIONES
> EN AUTOBÚS
> EN TREN
> A OSCURAS
> A PIE
> DE PIE
> A ESCONDIDAS
> DE MEMORIA
> A DISGUSTO
> A GUSTO
> EN FORMA

1. Este año no voy a ir ....*de vacaciones*........ a ninguna parte. He decidido ahorrar un poco y preparar algo especial para el año que viene.
2. Para ir a San Sebastián, lo mejor es viajar .... porque te ahorras todas las curvas y, además, casi no te cansas ni te mareas.
3. Federico está yendo al gimnasio tres veces por semana porque quiere mantenerse ....
4. Es inútil que te aprendas .... todo el temario. Las preguntas que ponen en el examen son de reflexión y comentario.
5. Si no estás .... en esa empresa, lo mejor que puedes hacer es empezar a buscarte un nuevo trabajo.
6. ¿No te da miedo que el niño se haga todo el trayecto .... desde la escuela hasta casa?
7. Si haces comentarios desagradables, es natural que la gente contigo se sienta ....
8. El maestro le castigó a estar .... y sin moverse durante toda la mañana porque había roto un cristal de un balonazo.
9. Cuando empiezan las rebajas, no me gusta nada salir .... Veo tantas cosas que al final soy incapaz de elegir nada.
10. El sistema eléctrico de mi casa no está funcionando bien. Cada vez que pongo la lavadora y el horno a la vez, salta todo y me quedo ....
11. Tu vecina hace siempre las cosas .... como si le diera miedo que la descubriesen. Yo creo que tiene algo que ocultar.
12. El viaje Madrid-París .... se le hace a uno larguísimo. Aunque cueste menos que el tren y que el avión, no merece la pena sufrir tanto.

Tiempo para practicar las preposiciones

2. Como en el ejercicio anterior, completa las siguientes frases con una de las expresiones del recuadro.

> DE VACACIONES
> EN BROMA
> EN SERIO
> DE RODILLAS
> EN VOZ ALTA
> EN VOZ BAJA
> DE MILAGRO
> DE NOCHE
> DE VIAJE
> DE REOJO
> A TIEMPO
> EN PAZ

1. Los médicos pudieron salvarlo ....*de milagro*........ porque llegó en un estado crítico al hospital.
2. María me indicó ...., susurrando, lo que tenía que contestarle al director.
3. Si no te das un poquito más de prisa en arreglarte, no llegaremos .... a la cita.
4. ¿Todavía no habéis comprendido que lo único que quiere Luis es que lo dejéis .... y os olvidéis de él?
5. Lo digo muy ...., como no aparezcan inmediatamente mis cosas, voy a la policía y pongo una denuncia.
6. Exclamó, ..., que estaba harta y todo el mundo se giró para mirarla.
7. Hace un par de meses que no veo a mi padre porque está .... por Hispanoamérica promocionando los productos de su empresa.
8. Su compañero le dijo, ..., que había oído que no iban a renovarle el contrato y él, no sólo se lo creyó, sino que se echó a llorar desconsoladamente.
9. Desde que le dije qué pensaba de él, cada vez que pasa, me lanza una mirada .... ¿Qué pensará?
10. No me gusta nada pasar .... por esa avenida. Nunca hay nadie y me da miedo.
11. Aunque me lo pidas ...., no voy a permitir que vayas al concierto con esos chicos.
12. No, no. No estoy .... Lo que pasa es que los viernes salimos antes de la oficina.

Tiempo para practicar las preposiciones

3. Une y completa con una preposición.

(A / EN / DE)

1. ¡Increíble! Sabe todas las alineaciones de la liga de este año ..*de*..
2. Estoy deseando que me paguen porque quiero salir ....
3. Le han dicho que le pagan el billete completo sólo si va ....
4. Desde que se ha cambiado de casa, ya nunca quiere salir ....
5. Se supone que si no cambias de piso es porque estás ....
6. El médico, por la artrosis, le ha prohibido que se ponga ....
7. El hijo de Gloria se llenó los bolsillos de pastas y golosinas ....
8. Si quieres que mi abuelo te responda, tienes que hablarle ....
9. Hay que llevar una vida sana para poder mantenerse siempre ....
10. Estoy harta de tener que recorrer todos los días ese trayecto ....
11. Para indicarle que ya podía entrar, le lanzó una mirada ....
12. Tiene la rara costumbre de ir al desván y de fumar ....

a. reojo.
b. tren.
c. rodillas.
d. gusto.
e. forma.
f. voz alta.
g. noche.
h. compras.
i. oscuras.
j. pie.
k. memoria.
l. escondidas.

4. Marca la preposición adecuada.

1. Tan pronto como estemos libres, nos iremos A / <u>DE</u> /EN vacaciones.
2. A ese sitio se llega CON / EN / POR autobús de línea.
3. María, mañana ven a verme, porque tenemos que hablar muy DE / EN serio tú y yo.
4. Su coche se incendió pero tuvieron la suerte de salir A / EN / POR tiempo.
5. Se nota que está A / EN / CON disgusto aquí. Mira qué caras está poniendo.
6. He aprendido A / CON / DE memoria los cien primeros versos de ese poema.
7. Siento que no puedas hablar con mi hermano pero está A / EN / DE viaje.
8. Se salvó DE / EN / POR milagro. Ya todos lo daban por muerto.
9. Me parece de pésimo gusto que le hayan dicho eso a Lucía CON / EN / POR broma.
10. Por favor, anuncia A / DE / EN voz alta que las entradas se han terminado.
11. Las monjas se pusieron A / DE / EN rodillas para rezar.
12. Cuando entró el profesor, todos los alumnos se pusieron A / DE pie.
13. En los hospitales hay que hablar siempre EN / DE / A voz baja.
14. Yo ya no quiero más problemas ni complicaciones. ¡Quiero vivir EN / DE paz!
15. Hacemos gimnasia y montamos en bicicleta para mantenernos DE / CON / EN buena forma física.

Tiempo para practicar las preposiciones

2. LOCUCIONES PREPOSICIONALES

Lee con atención la siguiente lista alfabética de las locuciones preposicionales con las que vamos a trabajar. Fíjate bien en las preposiciones que se emplean en cada locución.

A. LOCUCIONES PREPOSICIONALES

Acerca de	Debajo de
Además de	Delante de
A eso de	Dentro de
Al cabo de	Detrás de
Al lado de	Encima de
A lo largo de	En contra de
Alrededor de	En medio de
A pesar de	En vez de
A través de	En torno a
Con respecto a	Junto a

Comprueba

1. Completa las siguientes frases con la preposición adecuada.

1. Te ha llamado tu primo .....A..... ESO DE las tres. Ha dicho que lo llames tú esta tarde.
2. No tengo nada que decir .... RESPECTO A lo que nos ha comunicado el director.
3. Ayer el entrenador nos hizo dar quince vueltas EN TORNO .... la cancha de baloncesto.
4. Cuando fuimos a Santiago, hicimos muchos amigos .... LO LARGO del camino.
5. .... TRAVÉS DE la pared del salón se oye todo lo que dicen los vecinos de al lado.
6. Mi madre me ha comprado unas sandalias negras .... VEZ DE las verdes que le pedí.
7. Por favor, no dejes nada ENCIMA .... esas sillas.
8. Estoy .... CONTRA DE cualquier forma de violencia.
9. Lo mejor es que discutamos el asunto sentados ALREDEDOR .... una mesa.
10. Van a construir un complejo deportivo JUNTO .... la multisala de cines.
11. Dejé el abrigo en la tintorería y me acordé de ir a recogerlo AL CABO .... tres meses.
12. Saldré con Julio .... PESAR DE que no me gusta su manía de criticar a todo el mundo.
13. Lorenzo ADEMÁS .... simpático, es inteligentísimo.
14. Creo que discutir ACERCA .... algo que no depende de nosotros es perder el tiempo.
15. Siento un poco de angustia cuando estoy .... MEDIO DE mucha gente.

Tiempo para practicar las preposiciones

Practica

1. Completa las siguientes frases con una de las locuciones preposicionales del recuadro.

> EN VEZ DE
> DELANTE DE
> ENCIMA DE
> DENTRO DE
> AL CABO DE
> ACERCA DE
> A LO LARGO DE
> ALREDEDOR DE
> EN CONTRA DE
> A ESO DE

1. Tu abuelo .... *a lo largo de* .... toda su existencia fue un ejemplo de honradez e integridad para todos.
2. Hace un par de años me compré unas botas de esa marca tan de moda ahora, pero .... pocas semanas, las tenía viejas y gastadas. Así que no te las recomiendo.
3. El sábado que viene .... las cinco pasaré por tu casa para que me des los libros que te presté el otro día.
4. Sería mejor que, ... tantos huevos, echases más leche en el flan. Te va a salir mal.
5. Mi padre ha decidido plantar un árbol .... la puerta del jardín.
6. Si los directivos se siguen mostrando .... todas las propuestas que les hagamos, no habrá posibilidad de negociar con ellos.
7. Como pongas más ropa .... tu cama, vas a tener que dormir en el sofá por falta de espacio.
8. Me parece que, si queremos comer cómodos, lo mejor es que pongamos sólo seis sillas .... esa mesa.
9. Si quieres un pijama limpio, busca .... los cajones de la cómoda.
10. No me preguntes porque no sé nada .... lo que ha pasado entre ellos.

Tiempo para practicar las preposiciones

2. Como en el ejercicio anterior, completa las siguientes frases con una de las locuciones preposicionales del recuadro.

> EN MEDIO DE
> EN TORNO A
> CON RESPECTO A
> JUNTO A
> DETRÁS DE
> ADEMÁS DE
> AL LADO DE
> A TRAVÉS DE
> DEBAJO DE
> A PESAR DE

1. Ayer por la noche, el gato se metió .... *debajo de* .... la rinconera y todavía no lo he visto salir.
2. Ha aparcado el coche .... la calle y no se ha preocupado de más. Espero que le pongan una buena multa.
3. Pudimos ver todo lo que sucedió cuando entraron los manifestantes en la plaza .... la cristalera de la galería.
4. .... los resultados anuales, en la reunión se expusieron los nuevos proyectos.
5. Al final Mauro decidió no solicitar la beca .... tener claras posibilidades de conseguirla.
6. La idea de que su único hijo pase los meses de verano .... chicos y chicas de su edad les preocupa un poco. A ver si se tranquilizan.
7. Han levantado una tapia de seguridad .... los edificios donde se alojan los diplomáticos.
8. Si no tenéis nada que comentar .... lo que ha expuesto el director, lo mejor es que demos la reunión por terminada.
9. Me molesta muchísimo que escuches .... la puerta cuando discuto con Paco en el descansillo.
10. Te sientas siempre .... tus amigos. Así es un poco difícil que puedas conocer gente nueva.

Tiempo para practicar las preposiciones

3. Señala la locución adecuada.

1. No coloques tantas sillas ALREDEDOR DE / ACERCA DE la mesa, que no somos tantos para comer hoy.
2. Se tomó inmediatamente las pastillas que le había recetado el doctor y, AL CABO DE / DENTRO DE unos minutos, empezó a sentirse mejor.
3. Han plantado quince árboles frutales EN MEDIO DE / EN TORNO A la escuela para que los niños aprendan también un poco de botánica.
4. ADEMÁS DE / A PESAR DE su inexperiencia, los miembros del tribunal lo consideraron idóneo para el puesto que solicitaba.
5. A TRAVÉS DE / DETRÁS DE los tabiques de esta casa, se oye absolutamente todo lo que dicen los vecinos. ¡Es insoportable!
6. Si te parece bien, mañana podríamos vernos en la Plaza Mayor AL CABO DE / A ESO DE las ocho.
7. La próxima vez que vayamos a casa de Lola, tenemos que llevarle flores EN VEZ DE / EN CONTRA DE pasteles, porque no es nada golosa.
8. A LO LARGO DE / A TRAVÉS DE toda su vida, no hizo más que el bien sin esperar nunca nada a cambio.
9. CON RESPECTO A / EN CONTRA DE lo que me dijiste ayer ACERCA DE / A ESO DE los problemas que tienes con Julián, prefiero no darte mi opinión.
10. Creo que Jaime ADEMÁS DE / EN VEZ DE tonto, es incapaz de hacer nada contra nosotros.

4. Señala la locución adecuada.

1. ENCIMA DE / EN VEZ DE no devolvernos nuestros libros, nos ha dicho que no piensa prestarnos los suyos.
2. Como no pongáis las maletas DEBAJO DE / A LO LARGO DE la cama, no se me ocurre dónde podríais guardarlas y que no os molesten.
3. No estoy EN VEZ DE / EN CONTRA DE la legislación recientemente aprobada, pero tampoco estoy a favor al cien por cien.
4. Ayer, no sólo llegaste tarde a clase, sino que, AL CABO DE / ADEMÁS DE media hora, dijiste que te marchabas.
5. Si te apetece, podemos vernos A ESO DE / ACERCA DE las seis o seis y media en el bar Central.
6. Están construyendo una carretera ACERCA DE / EN TORNO A la ciudad.
7. Marco, no vuelvas a dejar tus juguetes EN MEDIO DE / JUNTO A la sala. La abuela se puede tropezar con ellos.
8. La guía de teléfonos está DENTRO DE / ENCIMA DE los cajones del armario. Está en el primer cajón.

Tiempo para practicar las preposiciones

5. Completa las construcciones con la preposición adecuada.

1. Se puede saber qué haces ahí EN MEDIO ……*de*…… la entrada como un pasmarote.
2. JUNTO ………… mi casa, van a construir un parque infantil.
3. La verdad es que no sé nada ACERCA ………… ese asunto del que me hablas.
4. Por favor, no pongáis nada ENCIMA ………… la mesa del salón porque se puede rayar.
5. Diles que nos esperen en la tienda de ropa que hay AL LADO ………… la panadería.
6. Tenemos que entregar el trabajo de literatura DENTRO ………… tres semanas.
7. Unamuno hizo muchas reflexiones EN TORNO ………… la religión y sus implicaciones.
8. No tenemos nada EN CONTRA ………… la nueva normativa, pero por el momento, preferimos no aplicarla.
9. Me dijo que me echaría una mano A PESAR ………… que yo no lo había ayudado cuando me lo pidió.
10. El concierto empezó con total normalidad pero AL CABO ………… un rato lo suspendieron.

6. Completa las construcciones con la preposición adecuada.

1. Se ha hecho una gran mancha de humedad DETRÁS ……*de*…… las cortinas del salón.
2. Por favor, compra refrescos para la fiesta, ADEMÁS ………… todo lo necesario para que preparemos una buena tarta de cumpleaños.
3. He quedado con Susana y José en su casa A ESO ………… las ocho.
4. CON RESPECTO ………… lo que nos ha dicho el director, yo no tengo nada que opinar.
5. Miguel, por favor, no vuelvas a meter tus libros DEBAJO ………… la cama.
6. Mañana, EN VEZ ………… ir al cine, como teníamos previsto, iremos al teatro.
7. Han plantado muchos rosales A LO LARGO ………… la Calle Mayor.
8. Si os colocáis EN TORNO ………… la mesa del cocinero, podréis ver perfectamente cómo se prepara una buena paella.
9. Están haciendo obras DELANTE ………… la escuela y tenemos las aulas llenas de polvo.
10. Nadia, no pongas la chaqueta JUNTO ………… la mía, porque está sucia. Ponla en el perchero.

Tiempo para practicar las preposiciones

Lee y completa

Completa el siguiente texto con las expresiones y locuciones vistos en este capítulo. En el cuadro tienes, para ayudarte, una expresión similar.

1. EN TORNO A
2. SOBRE
3. CÓMODO
4. DESPUÉS DE
5. EN LUGAR DE
6. CUCHICHEANDO
7. SERIAMENTE
8. NO SENTADO
9. AL LADO DE
10. NO DE DÍA
11. SIN LUZ

CONTEXTO: André y Nicolás dos amigos de la infancia que ahora, adolescentes y estudiantes en distintas ciudades, pasan juntos sus vacaciones en el pueblo de los abuelos de ambos.

Al volver de la alberca, agotado y contento de tanto nadar y jugar, comí con mis abuelos y, contra toda costumbre, me acosté una buena siesta. **1.** *A eso de* las cinco me desperté, había quedado con André para ir a explorar la Casona Verde y, como la cosa nos imponía bastante respeto, habíamos decidido ir con mucha luz por delante. Me levanté, bajé a la cocina, cogí el pan con chocolate que me había dejado mi madre **2.** _____ la repisa. No iba **3.** _____ a la aventura, no señor, no me convencía, pero André había insistido hasta la náusea y, al final, cedí.

4. _____ unos minutos cuando nos encontramos en la Huerta Blanca, se lo espeté sin rodeos:

- André, ¿para qué vamos? Si nos pillan, nos vamos a ganar un buen castigo. Y luego, verás...

André, **5.** _____ salir como siempre con la canción de que soy un gallina, me miró fijamente a los ojos, puso los suyos chinos, y me dijo, **6.** _____, casi masticando las palabras:

- Espero, por tu bien, que no estés hablando **7.** _____, esta no es una aventurilla, es una auténtica misión.

- ¿Una misión? Oye, pero tú qué has visto en la tele últimamente.

Me volvió a mirar con sus ojos de agua, estábamos **8.** _____ detrás de la tapia de la huerta. De repente, se agachó y cogió un guijarro que había **9.** _____ mí y, sin mediar más palabras, se lo pasó con fuerza por la frente y después me lo pasó a mí.

- Iremos **10.** _____. - masculló- Sólo **11.** _____, podemos descubrir la verdad.

Empecé a sentirme mal. El terror me inmovilizaba. Ese no era André, mi André. Parecía un loco.

No le entendía, no entendía nada...

CAPÍTULO 6

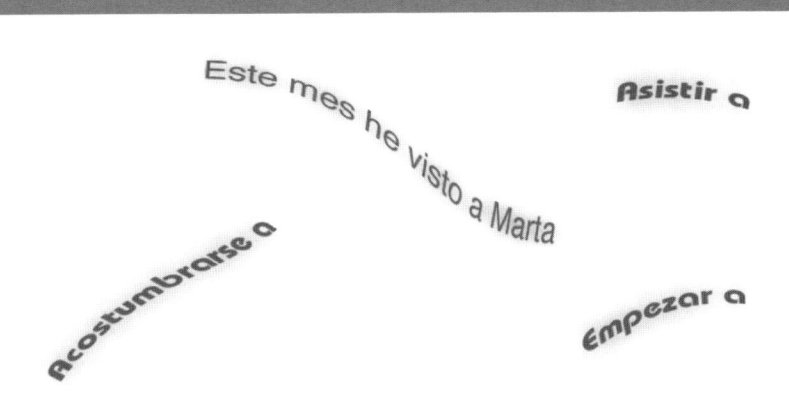

Este mes he visto a Marta

Asistir a

Acostumbrarse a

Empezar a

PREPOSICIONES Y VERBOS

1. La preposición A con Complemento Directo
2. Verbos que rigen preposición

Dudar en

Confiar en

Oler a

Insistir en

He conocido a la directora del banco.

Quedar en

Tiempo para practicar las preposiciones

1. LA PREPOSICIÓN *A* CON COMPLEMENTO DIRECTO

A. La preposición A se usa ante Complemento Directo:

a1. **Cuando éste es un nombre propio de persona o animal.**
Esta mañana vi **a** Mónica en el bar de la esquina.
¿Cómo alimentas **a** Chucho, con comida fresca o galletas para perros?

a2. **Cuando se trata de nombre común de persona o animal concretos.**
Esta mañana he conocido **a** la nueva directora del banco.
Mi mujer no quiere mucho **a** nuestro perro. Dice que le molesta.
Mi padre dice que quien trata mal **a** los animales, no puede tratar bien **a** las personas.

B. La preposición A se omite ante Complemento Directo:

b1. **Que es un nombre común de persona o animal no concretos.**
Busco un fontanero que sea capaz de arreglar los grifos del baño.
Necesito un camarero con experiencia.

b2. **Generalmente, con el verbo TENER (en su sentido de posesión).**
Mis vecinos tienen tres hijos abogados.
* Tengo a mi padre en el hospital. (Que significa: Mi padre está en el hospital)

b3. **Nombres de cosas.**
Esta mañana he visto un accidente.
He oído una canción del nuevo álbum de Kiss. ¡Es increíble!

b4. **Nombres de lugares.**
Yo conozco Toledo muy bien, es una ciudad muy bonita.
Yo he visto el mar Rojo, es precioso.

Tiempo para practicar las preposiciones

✓ Comprueba

1. Ahora, observa los siguientes ejemplos e indica a qué punto de la explicación gramatical corresponden.

1. Si no encuentras a tu pediatra, busca uno cualquiera que vea enseguida a tu hijo. ___a2 / b1___
2. ¿Quieres mucho a tu perro? _____
3. Busco a la chica que me atendió ayer. _____
4. ¿Conoces Andalucía? _____
5. ¿Conoces al hermano de Marisa? _____
6. He comprado dos perros. _____
7. Ayer vi a Alberto en el cine. _____
8. Ayer vi una película que me encantó. _____
9. Mi vecina tiene dos hijos de su anterior matrimonio. _____
10. He comprado las botellas que me dijiste. _____

✎ Practica

1. Completa las siguientes frases con la preposición *a* cuando sea necesario.

1. Te recomiendo que pagues ………Ø……… lo que debes lo antes posible.
2. Tengo ………………… tres sobrinos y dos sobrinas.
3. Te pareces muchísimo ………………… uno de tus tíos. ¿No crees?
4. He ido a ver ………………… esa película cinco veces. Es una obra maestra de la ciencia ficción.
5. ¿Conoces ………………… Burgos?
6. Ahora, le toca ………………… usted tomar la palabra y explicarnos qué piensa del asunto.
7. Llevamos bastante tiempo buscando ………………… un coche que se adapte a nuestras necesidades.
8. En esta compañía tienen ………………… un inmejorable equipo técnico. Por eso va tan bien.
9. Hemos visto ………………… muchas cigüeñas en las torres de la catedral.
10. Ayer por la noche encontré ………………… el monedero que llevaba días buscando.
11. Estoy buscando ………………… un señor que lleva un abrigo azul.
12. En esa tienda necesitan ………………… un dependiente que tenga experiencia.
13. Si no he saludado ………………… María esta mañana, es porque no la he visto.
14. Ayer vi ………………… una muñeca preciosa para Marta.
15. No encuentran ………………… camareros profesionales para el nuevo bar.

Tiempo para practicar las preposiciones

2. Emplea la preposición *a* cuando sea necesario.

1. En Londres, hemos visitado ………Ø……… todos los monumentos que hemos podido.
2. Mis abuelos adoran ……………… sus gatos.
3. Encontré ……………… Juan en la inauguración de la nueva galería de arte.
4. Si no encuentras ……………… tu dentista, busca ……………… uno cualquiera. Es evidente que no puedes estar todo el fin de semana con dolor de muelas.
5. Estoy buscando ……………… el dependiente que nos atendió ayer. Quiero decirle un par de cosas.
6. El director se ha negado a pagar ……………… los empleados las horas extra del último mes.
7. Ayer vimos ……………… tu padre en la plaza. ¡Qué cambiado está!
8. ¿Con qué frecuencia sacas ……………… tu perro?
9. Ya han entrevistado ……………… los diez primeros seleccionados para la plaza de contable.
10. Desde hace dos años no visitamos ……………… nuestros parientes portugueses.

3. Justifica la ausencia o presencia de la preposición *a* en estas frases.

1. ¿Conoces **al** nuevo auxiliar del laboratorio? ………*Persona concreta*………
2. Me parece que ese chico está buscando **a** Rosalía. ………………
3. Necesitas un buen perro guardián. ………………
4. He llamado **al** electricista porque tengo varios enchufes rotos. ………………
5. Hace dos días fui a saludar **a** Luis pero no encontramos a nadie en su casa. ………………
6. ¿**A** quién buscáis? ………………
7. Estoy buscando **a** un señor que tiene una cicatriz en la cara. ………………
8. Esta mañana, he visto **a** Chico, el nuevo perro de mi hermana. ………………
9. No llames **a** tu padre por teléfono porque está muy ocupado. ………………
10. Tiene **a** su madre en una residencia para ancianos. ………………
11. Necesito un masajista especializado. ………………
12. He vuelto a ver **a** la chica que me presentó Lucía. ………………
13. Busco **a** la profesora con la que hablé ayer. ………………
14. Vigila **a** la gata. No la dejes salir al balcón. ………………

2. VERBOS QUE RIGEN PREPOSICIÓN

A. Con la preposición A

Acostumbrarse a + *algo*.
Arriesgarse a + *algo*.
Asistir a + *algo o alguien*.
Atreverse a + *algo*.
Decidirse a + *algo*.
Disponerse a + *algo*.
Empezar a + *algo*.
Negarse a + *algo*.
Oler a + *algo*.
Resistirse a + *algo*.
Saber a + *algo*.
Asomarse a + *algo*.

B. Con la preposición EN

Confiar en + *algo o alguien*.
Consistir en + *algo*.
Creer en + *algo o alguien*.
Dudar en + *algo*.
Empeñarse en + *algo*.
Estar interesado en + *algo o alguien*.
Fijarse en + *algo o alguien*.
Influir en + *algo o alguien*.
Insistir en + *algo o alguien*
Participar en + *algo o alguien*.
Pensar en + *algo o alguien*.
Quedar en + *algo*.

Tiempo para practicar las preposiciones

✓ Comprueba

1. Ahora, observa los siguientes ejemplos y marca la opción que consideres correcta.

1. Si crees que me equivoco, no dudes EN / A decírmelo inmediatamente.
2. Al final, y tras mucho dudarlo, se decidió EN / A aceptar la propuesta de su hermano.
3. Si piensas EN / A todo lo que nos ha dicho, te darás cuenta de que está bastante deprimido.
4. Sus palabras influyeron profundamente EN / A nuestros ánimos y nos sentimos todos mejor.
5. El examen de acceso a esa facultad consiste EN / A un par de cuestionarios generales y una redacción sobre un tema de actualidad.
6. Si has quedado EN / A ir a casa de Manuel el domingo, ve. Pero recuerda que tenemos que ver a mis padres a las siete.
7. Está tan contento que no me atrevo EN / A decirle que no han aceptado su solicitud de trabajo.
8. Me niego EN / A volver a salir con los primos de Federica. Son aburridos y antipáticos.
9. Me parece que la vecina ha preparado otra vez sardinas porque toda la casa huele EN / A pescado.
10. Se ha empeñado EN / A comprarse otro libro sobre el Surrealismo y va a ser inútil intentar convencerle de que ya tiene lo mejor que hay publicado.
11. En los asuntos de dinero confío ciegamente EN / A las indicaciones de mi asesor. Tiene una intuición envidiable.

C. Con la preposición DE

Acordarse de + *algo o alguien.*
Carecer de + *algo.*
Cesar de + *algo.*
Constar de + *algo.*
Darse cuenta de + *algo.*
Depender de + *algo o alguien.*
Encargarse de + *algo o alguien.*
Enterarse de + *algo.*
Ocuparse de + *algo o alguien.*
Olvidarse de + *algo o alguien.*
Tratar de + *algo.*

Tiempo para practicar las preposiciones

D. Con la preposición CON

Casarse con + *alguien*.
Conformarse con + *algo*.
Contentarse con + *algo*.
Entenderse con + *alguien*.
Soñar con + *algo o alguien*.

E. Con la preposición POR

Apasionarse por + *algo*.
Jurar por + *algo o alguien*.
Optar por + *algo o alguien*.
Preguntar por + *alguien*.
Dar por + *algo*.

Comprueba

1. Ahora, observa los siguientes ejemplos y marca la opción correcta.

1. Me han dicho que Justina se va a casar DE / CON / POR Alfredo. ¡Vaya bombazo!
2. Hace unos minutos ha llamado una señora preguntando DE / CON / POR ti y le hemos dicho que te volviera a llamar a la una.
3. Creo que la mejor actitud para sentirse bien es la de conformarse DE / CON / POR lo que la vida te ofrece y no querer más.
4. Tus acusaciones contra todos nosotros carecen DE / CON / POR todo fundamento.
5. No sé a quién votar, por eso opto DE / CON / POR abstenerme en esta decisión.
6. Ocúpate tú DE / CON / POR los niños y yo me encargo DE / CON / POR limpiar la casa.
7. ¿Sabes? Esta noche he soñado DE / CON / POR Elisa.
8. No sé si ir con vosotros. Depende DE / CON / POR lo que haga Emilio.
9. Vicente no se entiende DE / CON / POR su suegra. Están todo el día discutiendo.
10. Juro DE / CON / POR mi honor que yo no he participado en esto.
11. Cuando veo la foto de Merce, me acuerdo DE / CON / POR todo lo que hicimos juntos.
12. Ahora que ya hemos terminado el curso, trata DE / CON / POR relajarte un poco y sal más con tus amigos.
13. Manuel no es nada exigente, se contenta DE / CON / POR lo que le ofrecen y no se crea más problemas.

Tiempo para practicar las preposiciones

Practica
1. Marca la opción correcta en las siguientes frases.

1. No comprendo por qué nunca crees EN / A / CON lo que te dice Marga. A mí me parece una persona de fiar.
2. Ante la falta de seriedad de sus inquilinos, Lucas optó EN / CON / POR no volver a alquilar el piso.
3. Soy una persona fácil. Me contento EN / CON / DE lo poco o mucho que me ofrece la vida cada día.
4. Mi primo sueña CON / DE / PARA llegar a ser piloto en una compañía de bandera.
5. Como está interesado A / SOBRE / EN todo lo relativo a la flora y fauna europea, se ha comprado una bonita y completa colección de documentales.
6. Si no te arriesgas EN / A / DE perder algo de lo que tienes, nunca conseguirás cambiar nada en tu vida.
7. He quedado A / EN / POR salir esta tarde con Ana y Arturo, pero la verdad es que no me apetece mucho moverme de casa.
8. Si insistes tanto EN / A / POR que venga a cenar a casa, acabarás por agobiarlo.
9. Desde que se ha apasionado POR / A / EN las manualidades, no hace más que regalarme cosas hechas por él para que decore mi casa.
10. Si quieres ayuda para colocar los libros que te han llegado, no dudes EN / DE / A llamarnos.

2. Marca la opción adecuada.

1. Te juro POR / A / SOBRE lo que más quieras que te he dicho toda la verdad.
2. Creo que este jarabe para la tos está malo. ¡Sabe CON / A / DE vinagre!
3. Me interesa mucho participar EN / DE / A el curso del próximo viernes, pero no sé si quedarán plazas libres.
4. El examen de la semana que viene constará CON / DE / EN tres partes: una prueba oral, una escrita y una libre para preparar en casa.
5. Después de lo que me han contado, me resisto DE / EN / A creer que la culpa de lo sucedido haya sido nuestra.
6. ¡Es increíble! Desde que llegamos a la sierra no ha cesado A / EN / DE nevar.
7. Cuando hagas los ejercicios, fíjate bien A / EN / POR las ilustraciones.
8. El perro de mi abuela se ha acostumbrado DE / A / POR dormir en mi habitación.
9. No entiendo a mis vecinos. Se pasan el día asomados A / DE / PARA la ventana sin hacer nada.
10. Ayer me di cuenta EN / DE / POR que faltaban los apuntes de filosofía del último trimestre.
11. Cuando el director se disponía EN / A / DE hablar, empezaron a oirse gritos en la calle.
12. Si te enteras DE / CON / POR alguna habitación en alquiler, avísame porque estoy buscando una.

Tiempo para practicar las preposiciones

3. Completa las siguientes frases con un verbo y una preposición.

SOÑAR
OPTAR
CONTENTARSE
PARTICIPAR
CONFIAR
NEGARSE
INSISTIR
EMPEÑARSE
CASARSE
OLER
PREGUNTAR
DAR

A / CON / EN / POR

1. Después de todo lo que hemos hecho, ...*confío en*...... que, a partir de ahora, las relaciones entre tu familia y la mía empiecen a ir mejor.
2. Tras dos años de ausencia, volvió a la facultad y .... sus antiguos compañeros, pero todos habían terminado ya la carrera.
3. Nina nos ha comunicado que, tras haberlo meditado mucho, no tiene intención de .... Arturo. ¡Vaya sorpresa!
4. Es inútil que .... admitir tu participación en los hechos. Tenemos pruebas de que estabas presente.
5. De niño, ... tener un coche de carreras azul metalizado.
6. Si le sigues molestando, está claro que .... no volver de visita a esta casa.
7. Como tiene tanto dinero, puede .... todos los cursillos que le interesan.
8. Busca una buena explicación para lo que ha pasado. Esta vez tu hermano no .... cualquier excusa que inventes.
9. Por mucho que .... adelgazar cinco kilos en una semana, no lo conseguirá.
10. Como es muy tarde y seguro que hay hielo en la carretera, ... que os quedéis a dormir aquí. Tenemos sitio de sobra.
11. Esta mañana se me han quemado las tostadas y ahora toda la casa .... humo.
12. A mi madre le .... decir que visto mal y no hay día que no me haga algún comentario al respecto.

Tiempo para practicar las preposiciones

4. Inténtalo ahora con estos otros verbos.

SABER
DUDAR
CONSTAR
ATREVERSE
INFLUIR
DECIDIRSE
CARECER
PENSAR
ARRIESGARSE
CREER
RESISTIRSE
QUEDAR

A / DE / EN

1. De pequeño, le tenía tanto miedo a la oscuridad que, por la noche, no ......*se*...... ......*atrevía a*...... ir al baño solo.
2. Es inútil que lo niegues. Si la sopa .... apio, es porque le has puesto y ya sabes que lo odio.
3. Manu se pasa el día .... las vacaciones y el tiempo libre. En el trabajo, no hay manera de que se concentre.
4. Si no hay ningún cambio de última hora, ... verme con Álvaro el viernes a las doce.
5. Trabajar para él no es nada cómodo. Siempre .... pagarnos en la fecha que habíamos estipulado.
6. Aunque Lucas os haya parecido convincente, lo que ha dicho .... todo fundamento.
7. Si tienes algún problema con la moto nueva no .... llamar a mi primo. Es un mecánico estupendo.
8. Con el tiempo que hace es mejor que no .... viajar. Podría ser peligroso.
9. Lucas por fin .... llamar a Teresa para pedirle perdón por su comportamiento.
10. El seminario de literatura del que se encargará el profesor Báez el próximo trimestre .... diez sesiones.
11. Aunque vosotros penséis lo contrario, yo sí .... las promesas que nos hicieron los jefes.
12. Las cartas de presentación .... la elección de los nuevos becarios.

Tiempo para practicar las preposiciones

5. Relaciona y completa con una preposición.

> A / DE / EN / CON

1. Los manifestantes han cesado — *de* — a. que nos veamos otra vez el domingo.
2. De compras, se fija bien — ___ — b. todas las clases y no sólo a algunas.
3. Me han dicho que tu hijo se entiende — ___ — c. todas las cuestiones con Hacienda.
4. Luisa no hace más que insistir — ___ — d. la nueva cama y puede dormir bien.
5. Ayer Berta volvió a soñar — ___ — e. la ventana y nos manda callar.
6. La nueva contable se ocupa — ___ — f. todos los escaparates por los que pasa.
7. La prueba consistirá — ___ — g. los próximos movimientos de la Bolsa.
8. Nino por fin se ha acostumbrado — ___ — h. proferir insultos contra los periodistas.
9. Cuando discutimos, la vecina se asoma — ___ — i. hablar, cuando empezó el terremoto.
10. Si te matriculas, es para asistir — ___ — j. la vecina del sexto piso.
11. Nuestras ganancias dependerán — ___ — k. nosotros, que nos íbamos de viaje sin ella.
12. El director ejecutivo se disponía — ___ — l. tres ejercicios y una redacción.

6. Ha habido un problema en la tipografía y, en el siguiente texto, cinco de las preposiciones que acompañan a los verbos se han mezclado con otras. ¿Podrías detectarlas?

Si PIENSO EN 1. ......√............ todo lo que le ha sucedido a Gorka últimamente, me cuesta trabajo creerlo. Hace un mes simplemente iba a CASARSE CON 2. .... Chus. Sus padres se habían EMPEÑADO A 3. .... que la fiesta fuese multitudinaria y él, que se hubiese CONFORMADO DE 4. .... algo mucho más reducido, fue incapaz de NEGARSE A 5. .... hacer lo que ellos sugerían. Ni siquiera SE RESISTIÓ CON 6. .... aceptar la absurda propuesta de contratar dos orquestas con sus relativos cuerpos de baile. El famoso día, cuando Chus se puso a llorar desconsoladamente y él, para aliviarla, se ofreció para ir a buscar sus gotas al cuarto, sucedió lo inesperado. Al llegar arriba, a la puerta, no SE ATREVIÓ A 7. .... entrar, pues le había parecido oír algo dentro. De repente, comenzó a sentir un extraño aroma, OLÍA A 8. .... humo y A 9. .... mar. Por fin, después de vacilar un poco, dado que no era él hombre que CARECIERA DE 10. .... prudencia, SE DECIDIÓ CON 11. .... entrar y, al abrir de repente la puerta, se encontró con lo que nunca pudo imaginar. Si alguna vez HABÍA SOÑADO POR 12. .... ser el héroe de una aventura, había llegado, sin lugar a dudas, su momento.

Tiempo para practicar las preposiciones

7. Según los usos estudiados en este capítulo, coloca los siguientes verbos en la tabla correspondiente.

OLVIDARSE
NEGARSE
ASOMARSE
CONFORMARSE
CASARSE
ACOSTUMBRARSE
OPTAR
PENSAR
CONFIAR
ACORDARSE
DUDAR
DARSE CUENTA
ATREVERSE

DECIDIRSE
FIJARSE
CREER
OLER
TRATAR
ENTENDERSE
ENTERARSE
CONSISTIR
JURAR
SOÑAR
DISPONERSE
CARECER

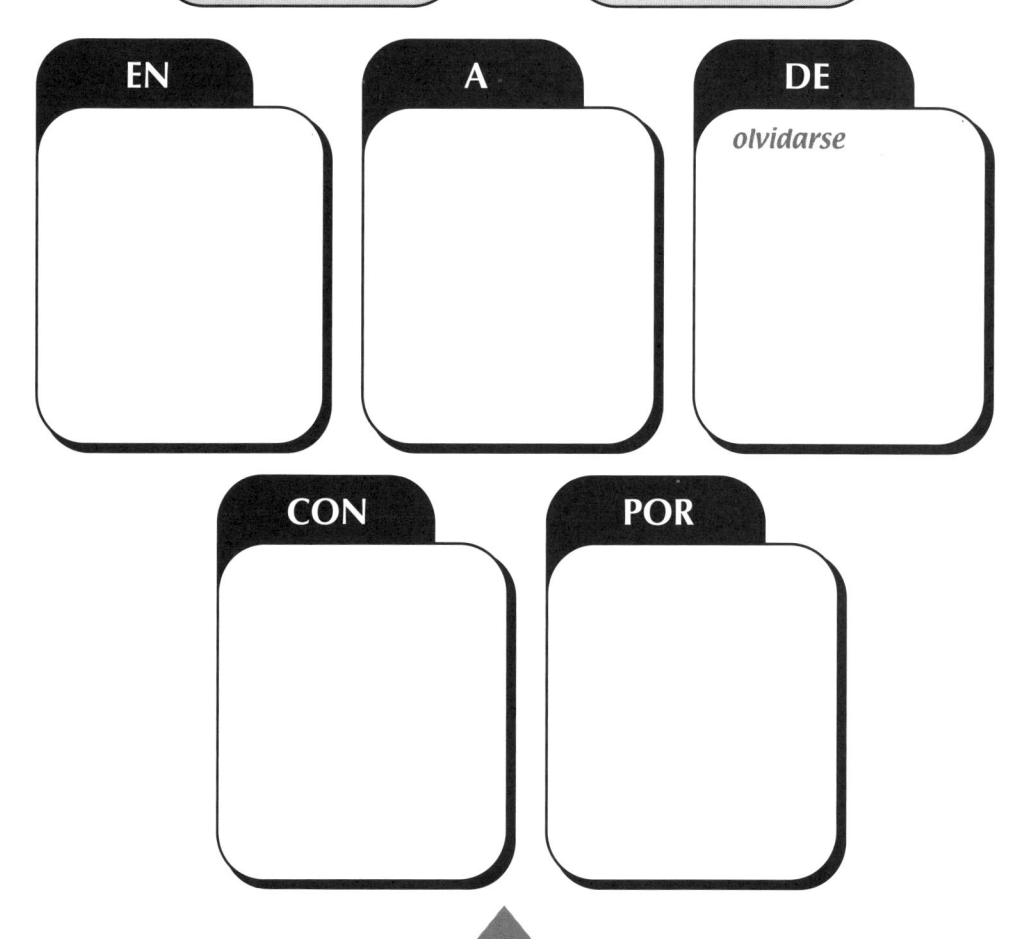

EN

A

DE
olvidarse

CON

POR

Tiempo para practicar las preposiciones

Lee y completa

1. Completa el siguiente texto con las preposiciones que consideres oportunas.

Querido diario:

Cada vez que pienso todas las cosa extrañas que me han pasado últimamente, me resisto **1.** *a* creer que Godelón no tenga nada que ver con todo esto. No es que me niegue **2.** _____ aceptar que pueda ser una persona honesta (en algunas ocasiones...) pero sé, a ciencia cierta, que él soñaba **3.** _____ obtener la admisión a la escuela de especialización. Es más, diría, por cómo hablaba, que ya contaba **4.** _____ una plaza segura allí (se disponía, me han dicho, **5.** _____ comprar los libros del primer curso). Lo cierto es que no es uno que se conforme **6.** _____ ningún tipo de "fracaso". Seguro que no dudará **7.** _____ intentar la vía de la corrupción, pues carece **8.** _____ todo escrúpulo. Por eso, no dejo **9.** _____ darle vueltas a la idea de que los catorce, sí, catorce, pequeños accidentes de los últimos días tienen que ver con él. Por eso, creo que, hasta que consiga su plaza, y lo hará, pues se entiende **10.** _____ algunos del tribunal, lo mejor es que yo desaparezca. Confío **11.** _____ que así, me deje en paz y se olvide **12.** _____ mi existencia. Yo hice mi parte, me atreví **13.** _____ pasarle las respuestas que me pidió. Lo que ya no fue culpa mía es que no entendiera mi letra. Yo escribo así, no lo hice a posta (aunque él insista **14.** _____ afirmar lo contrario). No es justo que se empeñe **15.** _____ decir que soy un idiota cobarde, y **16.** _____ hacerme la vida imposible... La decisión está tomada... mañana cojo la maleta y me voy con la abuela una temporadita. A la vuelta... ya veremos.

CAPÍTULO 7

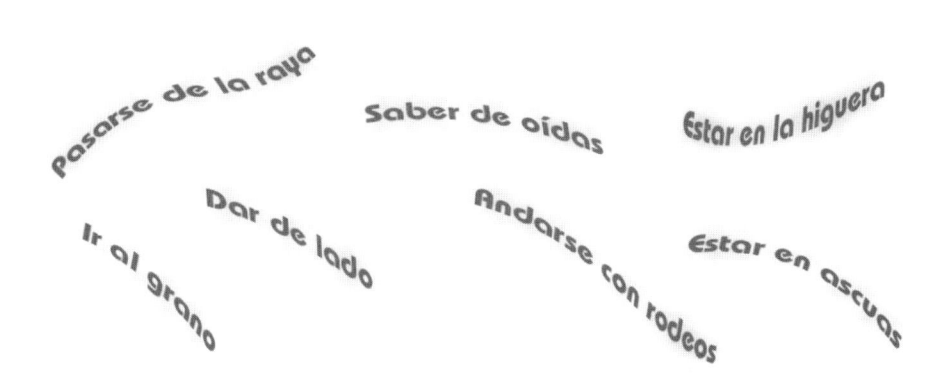

Pasarse de la raya
Saber de oídas
Estar en la higuera
Dar de lado
Andarse con rodeos
Ir al grano
Estar en ascuas

ESPAÑOL IDIOMÁTICO

Estar en el quinto pino
Salvar por los pelos
Estar de bote en bote
Estar en ascuas
Quedarse en blanco
Estar en la gloria
Estar hasta las narices
Hacer algo por amor al arte
Estar por los suelos

Tiempo para practicar las preposiciones

1a. Relaciona las siguientes expresiones con su significado.

1. Quedarse EN blanco.
2. Pasarse DE la raya.
3. Ir AL grano.
4. Dar DE lado.
5. Saber DE oídas.
6. Andarse CON rodeos.
7. Poner pies EN polvorosa.
8. Dar EN el clavo.
9. Ir CON pies DE plomo.
10. Creer A pies juntillas.

a. No ser directo al hablar.
b. Ser muy prudente y precavido.
c. No tener la mínima duda sobre algo.
d. Ser directo al hablar.
e. Olvidarse de todo.
f. Ignorar. No hacer caso.
g. Haber oído algo sobre un asunto.
h. Exagerar. Superar el límite.
i. Correr, huir con mucha rapidez.
j. Acertar. Decir o hacer lo más correcto.

1b. Ahora completa las siguientes frases con la expresión del ejercicio anterior que consideres más correcta en el tiempo y modo adecuados. Fíjate bien en las preposiciones.

1. Cuando los niños vieron que quien se estaba acercando a ellos era la directora del colegio ......*pusieron pies en polvorosa*........ para que no pudiera reñirles por jugar al fútbol en el pasillo de la escuela.
2. Luis fue tan nervioso al examen oral de geografía que, cuando le hicieron la primera pregunta .... y fue incapaz de articular palabra.
3. La verdad es que mis primos son un poco tontos, siempre .... todo lo que les decimos sin cuestionar si tenemos razón o no.
4. Nuestros vecinos, en cuanto supieron que nos había tocado la lotería, dejaron de .... y empezaron a ser amables y simpáticos con nosotros. ¡Qué hipócritas!
5. Creo que si les compramos una vajilla de cerámica como regalo de boda, ... porque no hacen más que decir que todavía no tienen dónde comer.
6. Según mis padres, el que salgamos casi todas las noches por ahí y no volvamos hasta tarde es .... y no puede conducir a nada bueno. ¡Ya no se acuerdan de cuando eran jóvenes!
7. El preparador de las oposiciones dice que, para obtener los mejores resultados y no cansar al tribunal cuando hagamos las pruebas orales, debemos .... y demostrar enseguida que dominamos el tema sobre el que nos hayan preguntado.
8. No te puedo dar más indicaciones sobre lo que ha pasado entre los compañeros de piso de Luis porque lo poco que sé, lo ....
9. Si no queremos que Olivia se enfade o se ofenda cuando le comentemos lo que ha dicho Juana sobre ella, tenemos que .... y quitarle hierro al asunto.
10. No soporto a la gente que, para decirte una cosa simple y clara, siempre .... ¡Qué manera de hacerte perder el tiempo!

Tiempo para practicar las preposiciones

2a. A continuación, te ofrecemos una serie de expresiones con el verbo *ESTAR*. ¿Puedes indicar cuál es su significado correcto?

1. Estar EN la higuera
a. Muy lejos.
b. Muy bien.
✓c. Distraído.

2. Estar EN ascuas
a. Rojo de calor o vergüenza.
b. Inquieto esperando algo.
c. Ayudando a alguien.

3. Estar EN el quinto pino
a. Muy lejos.
b. Muy cerca.
c. Aislado de todo.

4. Estar EN la gloria
a. Muy bien.
b. No se puede alcanzar.
c. Contar con el apoyo de la familia.

5. Estar EN todo
a. Recogido, rezando.
b. No dejar nada a la casualidad.
c. Aparecer por todas partes.

6. Estar EN el ajo
a. Implicado en un asunto.
b. Glotón, amante de la buena cocina.
c. Sin medios para poder vivir con dignidad.

7. Estar EN el candelero
a. Sentir alegría.
b. Tener mucha luz.
c. Disfrutar de mucho prestigio.

8. Estar A dos velas
a. Ver muy poco.
b. Tener pocas luces mentales.
c. No tener dinero.

9. Estar A partir un piñón
a. A punto de pelearse, pegarse.
b. Llevarse muy bien con alguien.
c. Pasar por un período de carestía.

10. Estar AL pie del cañón
a. Sin abandonar.
b. Agresivo, irritable.
c. Poco dinámico, lento.

11. Estar AL cabo de la calle
a. A poca distancia.
b. No tener dónde vivir.
c. Saber, estar enterado de un asunto.

12. Estar A las duras y A las maduras
a. Ni bien ni mal.
b. Compartir lo bueno y lo malo.
c. Preparado, maduro para algo.

13. Estar AL loro
a. Con atención.
b. Distraído, despistado.
c. En compañía.

14. Estar A tope
a. Limitado.
b. Lleno, al máximo.
c. Sin recursos.

Tiempo para practicar las preposiciones

2b. Completa las frases que siguen con una de las expresiones del ejercicio anterior.

1. Desde que nos instalamos en este barrio .... *estamos en la gloria* ....
2. Invítame a tomar algo porque últimamente ....
3. Nunca se entera de lo que explican porque ....
4. Mi madre es muy detallista, siempre ....
5. Las notas saldrán esta tarde, así que todos ....
6. No me cuentes nada más sobre ese asunto porque ....
7. Todo saldrá adelante, si no nos rendimos y todos ....
8. Creo que, por la cara que ha puesto, Mara ....
9. Hacer una cooperativa significa que todos ....
10. La urbanización donde está el chalé de Lucía ....
11. Últimamente, Gustavo e Isa, eternos enemigos, ...

3a. Y ahora vamos a trabajar con ocho expresiones que llevan la preposición *POR*. ¿Qué significan estas frases?

1. Hablar POR los codos.
a. Hablar en voz muy baja.
b. Decir cosas sin sentido.
√c. Hablar muchísimo.

2. Beber POR un tubo.
a. Beber en vaso largo.
b. Beber con moderación.
c. Beber mucho.

3. Salvar POR los pelos.
a. Salvar por poco.
b. Salvar agarrando por la cabellera.
c. Sacar de una situación apurada.

4. Salirse POR la tangente.
a. Aumentar las ganancias.
b. Evitar un problema o una pregunta incómoda.
c. Conseguir lo que se quiere.

5. Estar POR los suelos.
a. Ser despreciado.
b. Estar algo muy bajo.
c. Estar deprimido.

6. Pasar POR alto.
a. No tener en cuenta algo.
b. Considerar en mucho algo.
c. Olvidar algo.

7. Hacer algo POR amor al arte.
a. Intentar obtener un beneficio.
b. Hacer algo sin interés.
c. Gratis.

8. Andarse POR las ramas.
a. No hablar de manera clara y directa.
b. Hacer afirmaciones inexactas.
c. Intentar ganar tiempo.

Tiempo para practicar las preposiciones

3b. Completa con las expresiones del ejercicio anterior (ten en cuenta que las expresiones 3, 4, 5 y 6 se repiten).

1. Nosotros trabajamos para poder comer y desde luego no lo ...*hacemos por amor al arte*..., así que o nos dan un aumento o vamos a la huelga.
2. Por favor, dime ya lo que tengas que comunicarme y deja de ....
3. Me gustaría poder .... vuestra infracción, pero el reglamento me lo impide.
4. Compra ahora el abrigo que querías, los precios............................
5. En la fiesta de Blas, mis hermanos .... de todo lo que había. Y, al final, acabaron cantando.
6. Me pone nerviosa hablar con él. Siempre que le pregunto algo, ...
7. Esta vez el profesor me .... En el próximo examen no creo que sea tan magnánimo.
8. Es imposible estar más de diez minutos con Julia. .... y te acaba mareando.
9. A Juan Luis le encanta hacerse el interesante y, cada vez que le preguntas algo personal, ... y te habla de lo que a él le apetece.
10. Se .... Menos mal que en ese hospital tenían los medicamentos que le hacían falta.
11. Me resulta imposible .... su comportamiento conmigo. Por eso prefiero no volver a verlo nunca.
12. Te conviene comprar ahora. Con los cambios en la Bolsa, las acciones que te interesan ....

4a. Relaciona estas expresiones con su significado.

1. Estar DE bote EN bote.
2. Estar pez EN algo.
3. Estar SIN blanca.
4. Estar ENTRE la espada y la pared.
5. Estar DE uñas.
6. Estar CON la soga al cuello.
7. Estar EN Babia.
8. Estar POR la labor.
9. Estar DE capa caída.
10. Estar HASTA las narices.
11. Estar DE morros.
12. Estar PARA el arrastre.

a. Estar distraído.
b. Estar un lugar muy lleno.
c. Estar agresivo, irritado.
d. No tener opciones. Estar sin salida.
e. Estar harto de algo.
f. No tener dinero.
g. Estar muy cansado, agotado.
h. Estar enfadado.
i. No estar preparado en algo.
j. Tener buena disposición para hacer algo.
k. Estar desanimado, bajo de tono.
l. Estar en una situación desesperada.

Tiempo para practicar las preposiciones

4b. Ahora, completa las siguientes frases con la expresión más adecuada en cada caso.

1. Le han suspendido porque estaba .... *pez en* .... matemáticas.
2. Después de hacer tantos abdominales, la verdad es que estoy ....
3. Hoy es sólo día 15 y ya estamos .... ¡No sé cómo vamos a terminar el mes!
4. Como al hacerle la pregunta estaba ...., el profesor le puso un cero.
5. No pudimos entrar en la discoteca porque estaba ....
6. Te aconsejo que hoy no intentes hablar con él, está ....
7. Las dos opciones son arriesgadas. La verdad es que estoy ....
....
8. Estoy .... de que uses mis toallas. ¡No las vuelvas a tocar!
9. Estamos ....: sin dinero, sin clientes, sin crédito...
10. Me parece que Luis no está muy .... de prestarnos sus apuntes.
11. Desde que lo despidieron del trabajo, está .... y no quiere salir.
12. Cada vez que los veo, mis vecinos están .... ¡Qué tristeza!

5. Vamos a repasar un poco. ¿Puedes unir correctamente los elementos de los tres bloques e inventar una frase con cada expresión?

A	BLANCA
CON	UÑAS
DE	LAS NARICES
ENTRE	EL QUINTO PINO
ESTAR — EN	LA SOGA AL CUELLO
HASTA	DOS VELAS
POR	LA GLORIA
SIN	LA HIGUERA
	LA ESPADA Y LA PARED
	LOS SUELOS

1. ....
2. ....
3. ....
4. ....
5. ....
6. ....
7. ....
8. ....
9. ....
10. ....

Tiempo para practicar las preposiciones

6a. Marca el significado correcto de estas expresiones.

1. Ver CON buenos ojos.
✓ a. Aceptar.
b. Intuir.
c. Comprenderlo todo.

2. Saber A ciencia cierta.
a. Saber con seguridad.
b. Estar informado.
c. Haber oído

3. Poner EN tela de juicio.
a. Denunciar.
b. Dudar.
c. Aceptar

4. Ir A tiro hecho.
a. Saber ya lo que se quiere.
b. Tener que elegir.
c. Saltarse las normas.

5. Ahogarse EN un vaso de agua.
a. Ser poco práctico.
b. Angustiarse por poco.
c. Deprimirse.

6. Quedarse DE una pieza.
a. Detenerse.
b. Inmovilizarse.
c. Asombrarse.

7. Ir DE punta en blanco.
a. Estar agresivo.
b. Ir muy bien vestido.
c. Ignorar.

8. Echar EN falta.
a. Eliminar.
b. Notar la ausencia.
c. Ignorar.

9. No dar pie CON bola.
a. Equivocarse en todo.
b. Sentirse débil.
c. No arriesgarse.

10. No tener pelos EN la lengua.
a. Hablar demasiado.
b. Hablar sin tapujos.
c. Hablar directamente.

11. Ser un cero A la izquierda.
a. Contar mucho.
b. Estar bien ubicado.
c. No valer nada.

12. Echar DE menos.
a. Disminuir.
b. Añorar.
c. Quedarse corto en algo.

13. Pagar A escote.
a. Pagar cada uno su parte.
b. Regatear.
c. Pagar al contado.

14. Entrar DE gorra.
a. Acompañado.
b. Gratis.
c. Con fuerte descuento.

Tiempo para practicar las preposiciones

6b. Completa las siguientes frases con una de las expresiones del ejercicio anterior. (Ten en cuenta que las expresiones 1, 6, 12 y 14 se repiten).

1. Almudena ha decidido abandonar el proyecto de investigación porque, dentro del grupo, *es un cero a la izquierda* .
2. No sé qué me pasa hoy, me esmero, intento ser cuidadoso pero todo lo hago al revés, ...
3. Voy a seguir adelante con mi idea de montar un negocio aunque mis padres no lo ....
4. No sé cómo lo consigue, pero cada vez que vamos al cine, Félix ....
5. En mi familia, a nadie le importa decir siempre lo que siente y piensa, ...
6. Mis compañeros están excesivamente preocupados por lo que nos ha dicho el director, ...
7. Cuando los vi besarse delante de todo el mundo a la salida del cine, ...
8. No podemos defraudar otra vez a Fernando, a su fiesta tenemos que ....
9. Al bajar de tren, abrazó a sus padres con fuerza y les dijo que los ....
10. Por muy extraño que te parezca todo. No dudes de lo que te he contado, lo ....
11. Cuando algo de compras, para no aburrirme ni perder tiempo, siempre ....
12. Para que Pía no pueda aprovecharse de nosotros, lo mejor es que, si tomamos algo por ahí, ...
13. ¿Habéis visto el reloj y los gemelos de plata que me regaló mi madre? Esta mañana los ....
14. Si afirma una cosa con tanta seguridad, es mejor, para no ofenderlo, que no la ....
15. Lucía me ha dicho que, desde que está fuera, su hermana la llama a diario. Será porque ....
16. En aquella época, las costumbres eran diferentes y, ciertas actitudes, normales ahora, no ....
17. No te puedes imaginar cómo me sentí al verlos aparecer ayer en la fiesta de Magdalena. ....
18. Es genial ir con Miguel a la piscina, como su primo es el socorrista, el dueño nos permite ....

Tiempo para practicar las preposiciones

7a. Ha llegado el momento de empezar a repasar las expresiones vistas en este capítulo. Completa las siguientes frases con la preposición correspondiente.

1. Mis compañeros de piso antes se llevaban fatal pero ahora están ....*a*............ partir un piñón.
2. Cuando salgo de compras, siempre voy .... tiro hecho. Así no pierdo tiempo.
3. Si le regalamos esa colonia a María, seguro que damos .... el clavo.
4. Estoy dispuesto a pasar .... alto tus errores sólo si me pides perdón.
5. Mañana no puedo salir a cenar porque estoy .... blanca.
6. Mira, si no me pagan, no pienso hacerles el trabajo .... amor al arte.
7. Cuando vimos quien se nos estaba acercando pusimos pies .... polvorosa.
8. Después de tanta gimnasio estoy .... el arrastre.
9. En esa familia, el pobre León, es un auténtico cero .... la izquierda.
10. No te salgas .... la tangente cada vez que te pregunto por tu novio.
11. Hasta que no me den los resultados del análisis, voy a estar .... ascuas.
12. Cuando llegó a casa echó .... falta el móvil y la cartera.

7b. Inténtalo de nuevo. Completa las siguientes frases con la preposición correspondiente.

1. Los bomberos nos salvaron de la explosión ....*por*............ los pelos.
2. Cuando llegamos al teatro, ya estaba .... bote .... bote.
3. No te andes .... rodeos y cuéntame de una vez qué pasó ayer.
4. Isa no quiere hacer el examen porque tiene miedo de quedarse otra vez .... blanco.
5. Mi padre no está .... la labor de prestarnos dinero para el viaje.
6. Estoy .... las narices de que me llames sólo cuando no tienes con quién salir.
7. Mar es muy ingenua, se cree .... pies juntillas todo lo que le decimos.
8. Tienes que aprender a comportarte con la gente y no pasarte nunca .... la raya.
9. Si suspendemos también esa prueba, vamos a estar .... la soga al cuello hasta julio.
10. Luis es un estupendo anfitrión, está siempre .... todo.
11. Deja de poner .... tela de juicio todo lo que digo. Tú no sabes más que yo.
12. Cuando los vimos salir del cine de la mano, nos quedamos .... una pieza.

Tiempo para practicar las preposiciones

8. Ahora marca la preposición correcta.

1. Has dado CON / EN el clavo al pensar que Luz nos está traicionando.
2. Sí, ya sé, que no tienes pelos EN / SOBRE la lengua, pero deberías ser un poco más delicado.
3. Oye, todo lo que te he dicho lo sé DE / EN oídas, así que no sé hasta qué punto es verdad.
4. Si Julia se comporta así, es porque está AL / EN EL ajo y no quiere delatarnos.
5. En el nuevo *pub* de mi barrio, por las tardes se está CON / EN la gloria.
6. Desde que saben lo que pienso de su comportamiento, me han dado DE / SIN lado.
7. Si quieres un buen abrigo, ve A / CON tiro hecho a los Almacenes Plin.
8. Yo a casa de Marga no voy, está EN / POR el quinto pino, y no hay autobuses para volver.
9. Para la boda de Jimena nos tenemos que poner todos de punta CON / EN blanco.
10. Yo no sé cómo voy a hacer bien los ejercicios. ¡Estoy pez CON / EN esa asignatura!

Lee y completa

Para terminar, completa este pequeño texto con una de las expresiones vistas en este capítulo. Para ayudarte, lee lo escrito en los paréntesis.

¿Querido?

No (NO VOY A HABLAR DE MANERA CLARA Y DIRECTA) **1.** *voy a andarme por las ramas*. Contigo he aprendido a no (HABLAR SIN TAPUJOS) **2.** _____ y a (SER DIRECTO) **3.** _____, así que voy a ser breve.
Me voy, (ESTOY HARTO DE) **4.** _____ ti y de todo lo tuyo.
Nunca (HAS ACEPTADO) **5.** _____ mis iniciativas, lo (SÉ CON SEGURIDAD) **6.** _____, aunque siempre hayas dicho lo contrario. Se acabó eso de (COMPARTIR LO BUENO Y LO MALO) **7.** _____.
(HAS EXAGERADO) **8.** _____ con tantas críticas y sarcasmos, con tu (ESTAR ENFADADO) **9.** _____ siempre conmigo y con tu tratarme como si (NO VALER NADA) **10.** _____. Todo tiene un límite. Por eso, ahora que todavía estoy a tiempo, he decidido (HUIR RÁPIDAMENTE) **11.** _____. ¿Te (ASOMBRAS) **12.** _____? Cuánto lo siento. Ahora te toca a ti (ESTAR DESANIMADO) **13.** _____ por un tiempo.
Espero que, un día, (ME AÑORES) **14.** _____.
Hasta nunca,

CRIS

Tiempo para practicar las preposiciones

C L A V E S

CAPÍTULO 1

Comprueba (página 8)

1. 1. a2; 2. d1; 3. e6; 4. e2; 5. c1; 6. b5; 7. b2; 8. a1; 9. b4; 10. e5; 11. a1; 12. e4

2. A: hora, posterioridad, día de la semana, edad, periodicidad, fecha.
De: origen, momento del día.
Desde: origen.
En: mes, año, fecha, tiempo invertido.
Hacia: fecha, hora.
Hasta- límite.
Para: plazo, límite.
Por: periodicidad.
Sobre: hora.

Practica (página 9)

1. 1. de, 2. a; 3. hasta; 4. sobre; 5. para; 6. En; 7. desde; 8. Por; 9. hacia.
2. 1. –a- h.; 2. –desde- c.; 3. –por- f.; 4. –hasta- g.; 5. –sobre/hacia- i.; 6. –para- a.; 7. -hacia/sobre- b.; 8. –en- d.; 9. –de- e.
3. 1. HACIA; 2. EN; 3. A; 4. SOBRE; 5. EN; 6. POR; 7. A; 8. HASTA; 9. PARA; 10. POR; 11. DESDE; 12. HASTA; 13. DE; 14. A; 15. A.

Comprueba (página 11)

1. 1. sobre; 2. hasta; 3. a; 4. por; 5. desde, hasta; 6. en; 7. hasta; 8. hacia, 9. a; 10. desde; 11. por; 12. hacia.

Practica (página 12)

1. 1. hasta; 2. en; 3. a; 4. desde; 5. por; 6. para; 7. sobre; 8. De; 9. hacia.
2. 1.–a-e.; 2.–hasta-b.; 3.–desde-g.; 4.–en-d.; 5.-por-j.; 6.-hacia-f.; 7.-a-i.; 8. sobre- h.; 9.-para-a.; 10.-de-c.
3. 1. EN; 2. SOBRE; 3. DESDE; 4. EN; 5. HASTA; 6. A; 7. POR; 8. A; 9. HACIA; 10. HASTA; 11. PARA; 12. POR.

Comprueba (página 13)

1. 1. a; 2. hasta; 3. hacia; 4. hasta; 5. hacia; 6. a; 7. hasta; 8. a; 9. hacia; 10. hasta; 11. a; 12. hacia.

Tiempo para practicar las preposiciones

Practica (página 14)

1. 1. A; 2. HACIA; 3. HASTA; 4. HASTA/HACIA; 5. A; 6. A; 7. A; 8. HACIA; 9. HASTA/A; 10. HASTA; 11. A; 12. HACIA.

2. 1. hasta; 2. a; 3. hacia; 4. hasta; 5. hacia; 6. hasta; 7. a; 8. a; 9. a; 10. hacia; 11. hasta / a; 12. a; 13. hasta; 14. hacia; 15. a.

Lee y completa (página 15)

1. 1. a; 2. de; 3. desde; 4. hasta; 5. Desde; 6. hacia; 7. sobre / en; 8. por; 9. hasta; 10. hacia; 11. Desde/de; 12. hasta/a.
2. 1. A; 2. en; 3. en; 4. por; 5. a; 6. a; 7. por; 8. de; 9. a; 10. de; 11. de; 12. hasta; 13. Desde; 14. desde; 15. para; 16. hasta; 17. desde; 18. a; 19. en.

CAPÍTULO 2

Comprueba (página 18)

A. 1. a4; 2. a1; 3. a1; 4. a1; 5. a10; 6. a9; 7. a8; 8. a10; 9. a5; 10. a2; 11. a4.
EN. a. b1; b. b4; c. b3; d. b1; e. b2; f. b3; g. b3; h. b5; i. b3; j. b5; k. b4.

Practica (página 19 y 20)

1. 1. en, en, en; 2. en, a, en; 3. en, en; 4. en, al; 5. en, a; 6. en, a; 7. a, en; 8. a.
2. 1. a, a, en; 2. a, a, a; 3. en, a, en; 4. al, en; 5. en, en; 6. en, en; 7. a, en, en, a.
3. 1. –a-d.; 2. –a- j.; 3. –en- a.; 4. en- h.; 5. –a- i.; 6. –en- c.; 7. -a- k.; 8. –a- b. ; 9. – en- e.; 10. –en- l.; 11. –a- f.; 12. –a- g.
4. 1. en, en; 2. en, en; 3. en, en; 4. en, al; 5. En, a; 6. A; 7. al; 8. a, en; 9. en, a; 10. a; 11. a, en; 12. en, en; 13. a; 14. al, en; 15. a, en, en.

Comprueba (página 21)

1. 1. a1; 2. a7; 3. a4; 4. a2; 5. a6; 6. a3; 7. a5; 8. a5; 9. a2; 10. a8.

Comprueba (página 22)

1. 1. b3; 2. b1; 3. b1; 4. b1; 5. b2; 6. b3; 7. b3; 8. b1; 9. b1; 10. b3; 11. b2; 12. b2; 13. b3; 14. b3.

Practica (página 23)

1. 1. de, del, de; 2. de, de; 3. de; 4. desde; 5. desde; 6. de; 7. Desde, de, de, de; 8. de; 9. desde; 10. Desde; 11. Desde; 12. desde.

Tiempo para practicar las preposiciones

2. 1. DE; 2. DESDE; 3. DEL, DE; 4. DESDE; 5. DESDE; 6. DE, DE; 7. DE, DE; 8. DE; 9. DESDE; 10. DESDE; 11. DESDE, DE; 12. DESDE; 13. DESDE; 14. DESDE.

Practica (página 25 y 26)

1. 1. hasta; 2. en; 3. En, en; 4. hacia; 5. en, hasta; 6. hacia; 7. en, hasta; 8. hacia; 9. Entre; 10. hacia.
2. 1. hacia; 2. hasta; 3. hasta, Entre; 4. hasta, entre; 5. hacia; 6. hacia, en; 7. en, en; 8. en; 9. hasta; 10. entre.
3. 1. hasta; 2. entre; 3. en, en; 4. entre; 5. hasta, hasta; 6. hasta; 7. Entre; 8. en; 9. hacia, en; 10. entre; 11. hasta, hasta, en; 12. entre, en.

Lee y completa (página 26)

1. 3. EN; 6. HASTA; 9. HASTA; 10. EN; 12. HASTA.

CAPÍTULO 3

Comprueba (página 29)

1. 1. a4; 2. a1; 3. a1; 4. a8; 5. a5; 6. a1; 7. a3; 8. a5; 9. a2; 10. a11; 11. a6; 12. a4; 13. a9; 14. a10; 15. a3; 16. a7; 17. a8; 18. a2; 19. a11; 20. a1.

Comprueba (página 31)

1. 1. b1; 2. b4; 3. b3; 4. b9; 5. b6; 6. b10; 7. b2; 8. b13; 9. b8; 10. b6; 11. b11; 12. b4; 13. b5; 14. b7; 15. b8; 16. b8; 17. b12; 18. b2 / b1.

Practica (páginas 32 a 36)

1. 1. Para; 2, por; 3. por; 4. por; 5. por; 6. por; 7. por; 8. Para; 9. por; 10. Para; 11. por; 12. por.
2. 1. para; 2. por; 3. para; 4. Para; 5. para; 6. para; 7. por; 8. para; 9. por; 10. Para; 11. para; 12. Para; 13. por; 14. por; 15. por; 16. para.
3. 1. –para- e.; 2. –por- i.; 3. – por- j.; 4. –para- a.; 5. – por- h.; 6. – por- g.; 7. –por- c.; 8. –para- b.; 9. –para- f.; 10. –por-d.
4. 1. por; 2. por, por; 3. para; 4. para; 5. para; 6. por; 7. para; 8. Para; 9. por; 10. para; 11. por; 12. por; 13. para; 14. por; 15. Para; 16. para; 17. por; 18. para; 19. para; 20. por; 21. por.
5. 1. PARA; 2. POR; 3. POR; 4. POR; 5. PARA; 6. POR; 7. PARA; 8. POR; 9. PARA; 10. POR; 11. POR; 12. PARA; 13. POR; 14. POR; 15. POR.
6. 1. Para, por; 2. para, para; 3. Para, para; 4. para, para, para, por; 5. para, para, por; 6. para, por; 7. por, para; 8. Para, Por, por; 9. Para, por, por; 10. Por, por, para; 11. por, por; 12. por, por, por, para; 13. por, para; 14. por, por, para.

Tiempo para practicar las preposiciones

7. 1. para, por, por; 2. Para, por; 3. por, para; 4. para, Para; 5. para, para, Por, para, por; 6. por, por; 7. para, por; 8. por, para, por; 9. por, por; 10. por, por, para, para; 11. Para, por, por, por; 12. Para, para, por; 13. para, por, por, para; 14. por, para, por; 15. por, por, por, por; 16. para, por.
8. 1. Finalidad; 2. Tiempo sobrepasado; 3. Valor ordinal; 4. Valor consecutivo; 5. Dirección; 6. Causa; 7. Hace casi; 8. En busca de; 9. Medio; 10. Comparación; 11. Falta de ánimo; 12. Acción todavía no realizada; 13. Destino (figurado); 14. Concesivo; 15. Destinatario.
9. 1. Por; 2. Para; 3. por; 4. por; 5. para; 6. para; 7. para; 8. por; 9. para; 10. por; 11. por; 12. por; 13. por; 14. para; 15. por; 16. por; 17. por; 18. Por.

Practica (página 37)

1. 1. para; 2. para; 3. por; 4. para; 5. por; 6. para; 7. para; 8. por; 9. para; 10. por; 11. para; 12. por.

Lee y completa (página 38)

1. 1. para; 2. Por; 3. para; 4. Para; 5. por; 6. por; 7. para; 8. por; 9. por; 10. para; 11. para; 12. por; 13. para; 14. por; 15. para; 16. por; 17. para; 18. por; 19. para; 20. por; 21. por; 22. para; 23. para/por; 24. por.

CAPÍTULO 4

Comprueba (página 42)

1. 1. b1; 2. h1; 3. a1; 4. c2; 5. g1; 6. f1; 7. d1; 8. f1; 9. e1; 10. c1; 11. a1; 12. h1.
2. 1. con; 2. sobre; 3. ante; 4. sin; 5. bajo; 6. Tras; 7. contra; 8. Según.

Práctica (páginas 43 a 47)

1. 1. bajo; 2. en; 3. contra; 4. según; 5. para; 6. ante; 7. desde; 8. sin; 9. por; 10. tras; 11. hasta; 12. a; 13. de; 14. entre; 15. hacia; 16. con; 17. sobre.
2. 1. a; 2. bajo; 3. de; 4. sin; 5. por; 6. con; 7. en; 8. hacia; 9. según; 10. para; 11. tras; 12. contra; 13. ante; 14. desde; 15. entre; 16. hasta; 17. sobre.
3. 1. A; 2. EN; 3. HASTA; 4. HACIA; 5. SIN; 6. SEGÚN; 7. ENTRE; 8. DESDE; 9. TRAS; 10. SOBRE; 11. EN; 12. PARA; 13. POR; 14. CON.
4. 1. EN, EN; 2. EN; 3. A; 4. CONTRA; 5. A; 6. DE; 7. EN; 8. DE; 9. EN; 10. A; 11. EN; 12. EN; 13. A; 14. HACIA; 15. CON; 16. CONTRA; 17. DESDE.
5. 1.-en-c.; 2.-a-e.; 3.-a-f.; 4.-en-l.; 5.en-b.; 6.-en-a.; 7.-hacia-d.; 8.-en-i.; 9.-a-k.; 10.-a-g.; 11.-en-j.; 12.-en-h.
6. 1. en; 2. a; 3. con; 4. por; 5. al; 6. en; 7. en; 8. de; 9. en/sobre; 10. En; 11. por; 12. Desde; 13. hasta; 14. por; 15. en; 16. por; 17. sin; 18. por; 19. sin.

Tiempo para practicar las preposiciones

7. 1. A; 2. a; 3. a; 4. con; 5. en; 6. de; 7. de/por; 8. Con; 9. a; 10. de; 11. con; 12. Por; 13. a; 14. sin; 15. de; 16. entre; 17. de; 18. sin; 19. de; 20. a; 21. a; 22. en; 23. de; 24. en; 25. sin; 26. con.

8. 1. por; 2. de; 3. en; 4. con; 5. A; 6. en; 7. desde; 8. a; 9. a; 10. desde; 11. hasta; 12. en; 13. tras/a; 14. en; 15. entre; 16. al; 17. a; 18. de; 19. en; 20. Por; 21. a; 22. con; 23. a; 24. a; 25. en; 26. del; 27. a; 28. A; 29. de; 30. hasta; 31. de; 32. en; 33. para; 34. de; 35. en; 36. de; 37. hasta; 38. del.

Lee y completa (páginas 47 a 50)

1. 1. DE; 2. DE; 3. DE; 4. EN; 5. DE; 6. CON; 7. SEGÚN; 8. DE; 9. EN; 10. CON; 11. POR.

2. 2. Por; 3. de; 6. para; 11. de; 14. a.

3. 1. en; 2. de; 3. en; 4. de; 5. en; 6. a; 7. a; 8. para; 9. sin; 10. de; 11. a; 12. con; 13. de; 14. a; 15. por; 16. de; 17. en; 18. con; 19. en; 20. con; 21. en; 22. En; 23. por; 24. a; 25. de; 26. con; 27. con; 28. de; 29. de; 30. de.

4. 1. En; 2. de; 3. para; 4. a; 5. en; 6. con; 7. en; 8. al; 9. a; 10. en; 11. de; 12. a; 13. en; 14. de; 15. a; 16. con; 17. con; 18. ante / con; 19. a; 20. de; 21. para; 22. de; 23. a; 24. de; 25. por; 26. de; 27. en; 28. a; 29. en; 30. En; 31. a; 32. de; 33. a; 34. para; 35. a; 36. de; 37. sin; 38. de; 39. en; 40. en; 41. por; 42. con; 43. de; 44. a; 45. de; 46. de; 47. Por; 48. a; 49. de; 50. con; 51. de; 52. para; 53. desde; 54. de; 55. en; 56. desde.

5. 1. A; 2. de; 3. en; 4. en; 5. de; 6. en; 7. de; 8. a; 9. de; 10. hasta; 11. por; 12. de; 13. de; 14. en; 15. de; 16. del; 17. de; 18. de; 19. a; 20. con; 21. a; 22. para; 23. en; 24. de; 25. de; 26. del; 27. con; 28. con; 29. de; 30. de; 31. en; 32. con; 33. de; 34. de; 35. en; 36. de; 37. a; 38. a.

CAPÍTULO 5

Comprueba (página 53)

1. 1. a; 2. en; 3. a; 4. a; 5. en; 6. en; 7. en; 8. de; 9. en; 10. de.
2. 1. a; 2. de; 3. de; 4. de; 5. en; 6. a; 7. de; 8. en; 9. de; 10. a; 11. de; 12. de.

Practica (página 54 a 56)

1. 1. de vacaciones; 2. en tren; 3. en forma; 4. de memoria; 5. a gusto; 6. a pie; 7. a disgusto; 8. de pie; 9. de compras; 10. a oscuras; 11. a escondidas; 12. en autobús.

2. 1. de milagro; 2. en voz baja; 3. a tiempo; 4. en paz; 5. en serio; 6. en voz alta; 7. de viaje; 8. en broma; 9. de reojo; 10. de noche; 11. de rodillas; 12. de vacaciones.

3. 1.-de-k.; 2.-de-h.; 3.-en-b.; 4.-de-g.; 5.-a-d.; 6.-de-c.; 7.-a-l.; 8.-en-f.; 9.-en-e.; 10.-a-j.; 11.-de-a.; 12.-a-i.

Tiempo para practicar las preposiciones

4. 1. DE; 2. EN; 3. EN; 4. A; 5. A; 6. DE; 7. DE; 8. DE; 9. EN; 10. EN; 11. DE; 12. DE; 13. EN; 14. EN; 15. EN.

Comprueba (página 57)

1. 1. a; 2. con; 3. a; 4. a; 5. A; 6. en; 7. de; 8. en; 9. de; 10. a; 11. de; 12. a; 13. de; 14. de; 15. en.

Práctica (páginas 58 a 61)

1. 1. a lo largo de; 2. al cabo de; 3. a eso de; 4. en vez de; 5. delante de; 6. en contra de; 7. encima de; 8. alrededor de; 9. dentro de; 10. acerca de.
2. 1. debajo de; 2. en medio de; 3. a través de; 4. Además de; 5. a pesar de; 6. junto a; 7. en torno a; 8. con respecto a; 9. detrás de; 10. al lado de.
3. 1. ALREDEDOR DE; 2. AL CABO DE; 3. EN TORNO A; 4. A PESAR DE; 5. A TRAVÉS DE; 6. A ESO DE; 7. EN VEZ DE; 8. A LO LARGO DE; 9. CON RESPECTO A, ACERCA DE; 10. ADEMÁS DE.
4. 1. ENCIMA DE; 2. DEBAJO DE; 3. EN CONTRA DE; 4. AL CABO DE; 5. A ESO DE; 6. EN TORNO A; 7. EN MEDIO DE; 8. DENTRO DE.
5. 1. DE; 2. A; 3. DE; 4. DE; 5. DE; 6. DE; 7. A; 8. DE; 9. DE; 10. DE.
6. 1. DE; 2. DE; 3. DE; 4. A; 5. DE; 6. DE; 7. DE; 8. A; 9. DE; 10. A.

Lee y completa

1. 1. A eso de; 2. encima de; 3. a gusto; 4. Al cabo de; 5. en vez de; 6. en voz baja; 7. en serio; 8. de pie; 9. junto a; 10. de noche; 11. a oscuras.

CAPÍTULO 6

Comprueba (página 65)

1. 1. a2 y b1; 2. a2; 3. a2; 4. b4; 5. a2; 6. b1; 7. a1; 8. b3; 9. b2; 10. b3.

Practica (páginas 65 y 66)

1. 3.; 6.; 11; 13.
2. 2.; 3.; 4. (sólo en el primer caso); 5.; 6.; 7.; 8.; 9.; 10.
3. 1. Persona concreta; 2. Nombre propio de persona; 3. Animal no concreto; 4. Persona concreta; 5. Nombre propio de persona; 6. Persona concreta; 7. Persona concreta; 8. Nombre propio de animal; 9. Persona concreta; 10. Persona concreta; 11. Persona no concreta; 12. Persona concreta; 13. Persona concreta; 14. Animal concreto.

Comprueba (página 68)

1. 1. EN; 2. A; 3. EN; 4. EN; 5. EN; 6. EN; 7. A; 8. A; 9. A; 10. EN; 11. EN.

Tiempo para practicar las preposiciones

Comprueba (página 69)

1. 1. CON; 2. POR; 3. CON; 4. DE; 5. POR; 6. DE, DE; 7. CON; 8. DE; 9. CON; 10. POR; 11. DE; 12. DE; 13. CON.

Practica (páginas 70 a 74)

1. 1. EN; 2. POR; 3. CON; 4. CON; 5. EN; 6. A; 7. EN; 8. EN; 9. POR; 10. EN.
2. 1. POR; 2. A; 3. EN; 4. DE; 5. A; 6. DE; 7. EN; 8. A; 9. A; 10. DE; 11. A; 12. DE.
3. 1. confío en; 2. preguntó por; 3. casarse con; 4. te niegues a; 5. soñaba con; 6. optará por; 7. participar en; 8. se contentará con; 9. se empeñe en; 10. insisto en; 11. huele a; 12. ha dado por.
4. 1. me atrevía a; 2. sabe a; 3. pensando en; 4. he quedado en; 5. se resiste a; 6. carece de; 7. dudes en; 8. te arriesgues a; 9. se ha decidido a; 10. consta de; 11. creo en; 12. influyeron en.
5. 1.-de-h.; 2.-en-f.; 3.-con-j.; 4.-en-a.; 5.-con-k.; 6.-de-c.; 7.-en-l.; 8.-a-d.; 9.-a-e.; 10.-a-b.; 11.-de-g.; 12.-a-i.
6. 3. EN; 4. CON; 6. A; 11. A; 12. CON.
7. En: pensar, confiar, fijarse, creer, consistir.
A: negarse, asomarse, acostumbrarse, atreverse, decidirse, oler, disponerse.
DE: olvidarse, acordarse, dudar, darse cuenta, tratar, enterarse, carecer.
CON: conformarse, casarse, entenderse, soñar.
POR: optar, jurar.

Lee y completa (página 75)

1. 1. a; 2. a; 3. con; 4. con; 5. a; 6. con; 7. en; 8. de; 9. de; 10. con; 11. en; 12. de; 13. a; 14. en; 15. en; 16. en.

CAPÍTULO 7

Practica (páginas 77 y 85)

1a. 1. e.; 2. h.; 3. d.; 4. f.; 5. g.; 6. a.; 7. i.; 8. j.; 9. b; 10. c.
1b. 1. pusieron pies en polvorosa; 2. se quedó en blanco; 3. creen a pies juntillas; 4. darnos de lado; 5. daremos en el clavo; 6. pasarse de la raya; 7. ir al grano; 8. sé de oídas; 9. ir con pies de plomo; 10. se anda con rodeos.
2a. 1.c; 2.b.; 3.a.; 4.a.; 5.b.; 6.a.; 7.c.; 8.c.; 9.b.; 10.a.; 11.c.; 12.b.; 13.a.; 14.b.
2b. 1. estamos en la gloria; 2. estoy a dos velas; 3. está en la higuera; 4. está en todo; 5. estamos en ascuas; 6. estoy al cabo de la calle; 7. estamos al pie del cañón; 8. está en el ajo; 9. estamos a las duras y a las maduras; 10. está en el quinto pino; 11. están a partir un piñón.
3a. 1.c.; 2.c.; 3.a.; 4.b.; 5.b.; 6.a.; 7.c.; 8.a.

Tiempo para practicar las preposiciones

3b. 1. hacemos por amor al arte; 2. andarte por las ramas; 3. pasar por alto; 4. están por los suelos; 5. bebieron por un tubo; 6. se sale por la tangente; 7. ha salvado por los pelos; 8. Habla por los codos; 9. se sale por la tangente; 10. Se salvó por los pelos; 11. pasar por alto; 12. están por los suelos.

4a. 1.b.; 2.i.; 3.f.; 4.d.; 5.c; 6.l.; 7.a; 8.j.; 9.k.; 10.e.; 11.h; 12.g.

4b. 1.pez en; 2. para el arrastre; 3. sin blanca; 4. en Babia; 5. de bote en bote; 6. de uñas; 7. entre la espada y la pared; 8. hasta las narices; 9. con la soga al cuello; 10. por la labor; 11. de capa caída; 12. de morros.

5. ESTAR SIN BLANCA; ESTAR DE UÑAS; ESTAR HASTA LAS NARICES; ESTAR EN EL QUINTO PINO; ESTAR CON LA SOGA AL CUELLO; ESTAR A DOS VELAS; ESTAR EN LA GLORIA; ESTAR EN EL HIGUERA; ESTAR ENTRE LA ESPADA Y LA PARED; ESTAR POR LOS SUELOS.

6a. 1.a.; 2.a.; 3.b.; 4.a.; 5.b.; 6.c.; 7.b.; 8.b.; 9.a.; 10.b.; 11.c.; 12.b.; 13.a.; 14.b.

6b. 1. es un cero a la izquierda; 2. no doy pie con bola; 3. ven con buenos ojos; 4. entra de gorra; 5. no tienen pelos en la lengua; 6. se ahogan en un vaso de agua; 7. me quedé de una pieza; 8. ir de punta en blanco; 9. había echado de menos; 10. sé a ciencia cierta; 11. voy a tiro hecho; 12. paguemos a escote; 13. he echado en falta; 14. pongamos en tela de juicio; 15. la echa de menos; 16. se veían con buenos ojos; 17. Me quedé de una pieza; 18. entrar de gorra.

7a. 1. a; 2. a; 3. en; 4. por; 5. sin; 6. por; 7. en; 8. para; 9. a; 10. por; 11. en; 12. en.

7b. 1. por; 2. de, en; 3. con; 4. en; 5. por; 6. hasta; 7. a; 8. de; 9. con; 10. en; 11. en; 12. de.

8. 1. EN; 2. EN; 3. DE; 4. EN EL; 5. EN; 6. DE; 7. A; 8. EN; 9. EN; 10. EN.

Lee y completa (página 85)

1. 1. voy a andarme por las ramas; 2. tener pelos en la lengua; 3. ir al grano; 4. estoy hasta las narices; 5. has visto con buenos ojos; 6. sé a ciencia cierta; 7. estar a las duras y a las maduras; 8. Te has pasado de la raya; 9. estar de morros; 10. fuera un cero a la izquierda; 11. poner pies en polvorosa; 12. quedas de una pieza; 13. estar de capa caída; 14. me eches de menos.

EDELSA

TIEMPO PARA...

Una colección fundamentalmente práctica, dirigida al autoaprendizaje o para el refuerzo de las actividades del aula.

Tiempo... Para conjugar ofrece una serie de ejercicios y juegos para aprender la conjugación española y trabajar con ella.

Además del libro, consta de un CD ROM que permite al usuario acceder a los cuadros de conjugación de los libros ***Conjugar es fácil*** y ***Uso de la gramática española.***

Tiempo... Para comprender presenta una selección de mensajes auténticos, cotidianos y fundamentales para desarrollar la capacidad de comprensión de quien aprende español. Para ello se ha seleccionado mensajes orales usuales: en el metro, en el aeropuerto, en un contestador... Los mensajes son cortos, directos, pautados y con fines comunicativos prácticos. Esta selección de textos y mensajes va acompañada de actividades de control de comprensión.

El material incluye un CD con audiciones cotidianas, y el libro de actividades de control de la comprensión, que permitirán al estudiante afianzar su destreza auditiva para dar el paso del au a la vida cotidiana.

Tiempo... Para pronunciar es una selección de ejercicios de pronunciación y entonación que permitirán al estudiante de español trabajar con diferentes sonidos y pronunciar mejor. Para que la comunicación oral tenga el éxito que cualquier estudiante desea, se precisa de un dominio de la pronunciación, así como de un control de la melodía, entonación y musicalidad de la lengua que se aprende. Este libro ofrece una progresión sistemática, unos cuadros explicativos sencillos y accesibles a cualquier estudiante y unos ejercicios fáciles de realizar y progresivos; todo ello con una presentación clara y amena.

El material incluye un CD con las audiciones.

MIENDA

RENDIZAJE DE LA GRAMÁTICA

njugar es fácil (en español de España y de América) permite
manejo correcto y rápido de los verbos más utilizados en la
gua española actual. Consta de: un resumen de la gramática
 verbo, unas tablas de conjugación, una lista general de ver-
, una lista de verbos hispanoamericanos con su definición,
resumen del régimen preposicional y una lista de las expre-
nes figuradas y frases hechas más usuales.

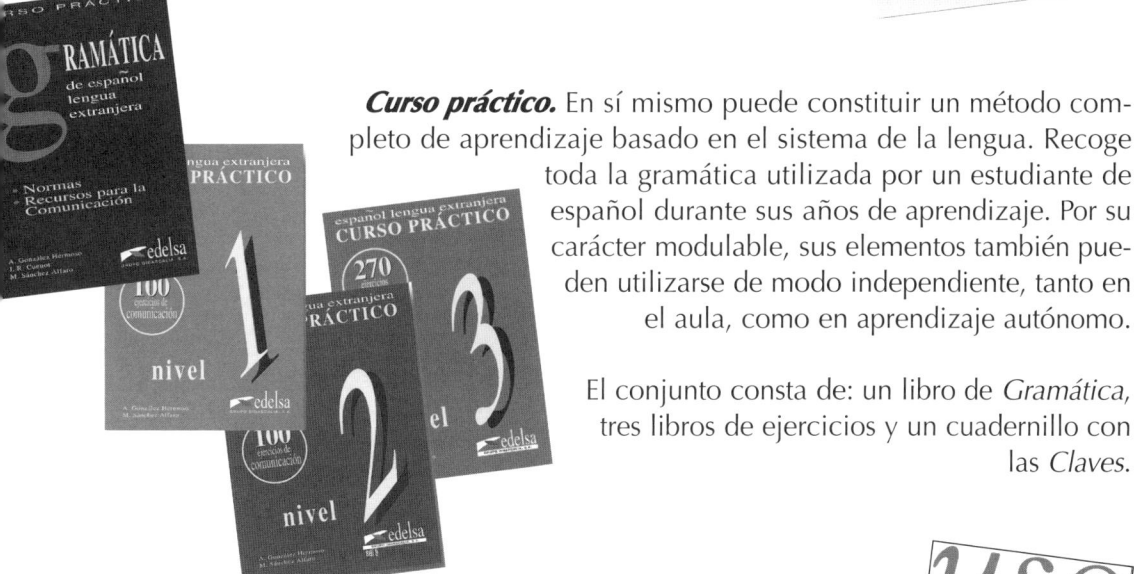

Curso práctico. En sí mismo puede constituir un método completo de aprendizaje basado en el sistema de la lengua. Recoge
toda la gramática utilizada por un estudiante de
español durante sus años de aprendizaje. Por su
carácter modulable, sus elementos también pueden utilizarse de modo independiente, tanto en
el aula, como en aprendizaje autónomo.

El conjunto consta de: un libro de *Gramática*,
tres libros de ejercicios y un cuadernillo con
las *Claves*.

o de la gramática española. Libros de referencia práctica para estudian-
 de nivel elemental, intermedio y avanzado, para utilizar en el aula o en
oaprendizaje. Proponen ejercicios de gramática que permiten reforzar y
pliar los conocimientos lingüísticos.

nsta de tres niveles y de tres cuadernillos con las *Claves*.

amática comunicativa. Una obra de referencia y estu-
 que propone soluciones a las dudas que surgen sobre
funcionamiento de la lengua en situaciones de comu-
cación. En el tomo 1 (*De la lengua a la idea*) se presen-
una nueva visión del funcionamiento y uso comunica-
 de la lengua. En el tomo 2 (*De la idea a la lengua*) se
alizan los problemas más frecuentes con los que se
cuentran los estudiantes.